本著作出版得到江汉大学外国语学院有关专著项目资助，并获江汉大学科研启动经费（2015年科研启动费035号）资助，在此一并致谢。

涩泽荣一与近代日本对外关系

渋沢栄一と近代日本の対外関係

梁紫苏 著

WUHAN UNIVERSITY PRESS
武汉大学出版社

图书在版编目(CIP)数据

涩泽荣一与近代日本对外关系:日文/梁紫苏著.—武汉:武汉大学
出版社,2022.4
ISBN 978-7-307-22938-9

Ⅰ.涩… Ⅱ.梁… Ⅲ.①涩泽荣—(1840-1931)—思想评论—日
文 ②对外关系—研究—日本—近代—日文 Ⅳ.①K833.135.38
②D831.39

中国版本图书馆 CIP 数据核字(2022)第 038051 号

责任编辑:谢群英 王雪松 责任校对:李孟潇 版式设计:马 佳

出版发行:**武汉大学出版社** (430072 武昌 珞珈山)
 (电子邮箱:cbs22@whu.edu.cn 网址:www.wdp.com.cn)
印刷:武汉邮科印务有限公司
开本:720×1000 1/16 印张:14.75 字数:217 千字 插页:1
版次:2022 年 4 月第 1 版 2022 年 4 月第 1 次印刷
ISBN 978-7-307-22938-9 定价:39.00 元

对外关系。世界跨入近代历史之后，外国军舰先后驶入日本港口，撬开了德川幕府闭锁的国门，随着日本被迫与欧洲列强签订不平等条约，日本的民族矛盾随之上升，日本浪士与外国人相互杀戮之事多有发生，英国公馆也遭到袭击。明治维新之前，一种排外的思潮弥漫日本，"尊王攘夷"的口号成为当时日本精英阶层凝聚倒幕力量的旗帜，因此，明治维新以前，日本没有近代意义上的对外关系。

明治维新之时，那些倒幕派人士，多数是举着"尊王攘夷"的旗帜，加入倒幕历史潮流之中的，倒幕运动中的代表性人物，皆是"尊王攘夷"派出身，更是明治政府中"尊王攘夷"派的实权人物，因此，明治维新政府成立之初，日本的对外关系仍然处于幕府时代闭关锁国的状态。

日本历史走到这个节点，需要开启日本近代对外关系，需要进行日本近代对外关系的思想启蒙。历史的机缘巧合，促成了涩泽荣一成为日本近代对外关系的思想启蒙者之一。

历史的发展有其自身的必然规律，而历史的必然则是寓于偶然事件之中。公元1867年法国政府在巴黎举行万国博览会，以展示世界各国的文明精萃，法国政府热情邀请日本参加。德川幕府决定派遣15岁的将军弟弟德川昭武出访法国及欧洲诸国，然后留学法国。由于涩泽荣一在德川庆喜府上显现出优秀的品德和出众的才华，被幕府选为德川昭武出访欧洲的随行人员。自1866年12月从日本京都出发陪德川昭武出访欧洲和留学法国到1868年11月回到横滨，涩泽荣一随访列国约两年时间。在逗留欧洲期间，涩泽荣一不仅参加了万国博览会，大开了眼界，还参观考察了西欧的制造业，如钢铁厂、纺织场、制丝所、造船厂、兵工厂以及港口等；目睹了其社会文明建设，如学校、图书馆、博物馆、歌舞剧剧院、植物园、动物园、市政设施(包括下水道)、自来水设施等；研究了西方资本主义的商业信用制度、金融银行制度、金本位制通货政策以及株式会社制度等；初步学习了国会议事堂、报社等民主政治的体制机制；他观察到，西欧诸国的政府要人与实业家、银行家之间在公开场合里都能平等自由地发表意见，这与日本"官贵民贱"的封建等级制度有着巨大差别，这些所见所闻，让他

序

对日本而言，2019 年是"巨变"的一年，不仅有新天皇登基，年号从"平成"改为"令和"，而且日本政府还公布了新设计的一万日元、五千日元、一千日元三种纸币，新版纸币将于 2024 年发行。新纸币中最为关注的当属新一万元日币的肖像人物——涩泽荣一（1840—1931）。日本的一万元纸币自 1958 年发布以来一直以圣德太子为头像，1984 年更换为福泽谕吉。日本财务大臣麻生太郎在记者会上宣布新币时表示，涩泽荣一是"日本资本主义之父""立下了伟大功绩"。从新版纸币票面人物的选取不难看出，头像选取延续了明治以后的代表性人物，尤其是作为近代日本经济的幕后功臣的涩泽荣一，他在 1963 年日本首发千元纸币之时曾经作为头像候选人之一。由于受当时钞票防伪技术限制，这位日本银行的创始者、日本纸币发行的参与者，或许将成为日本电子纸币时代到来之前的最后一位万元纸币的头像人物。本书将着重讨论文化交涉视野之下涩泽荣一的一个侧面，以期辨明涩泽荣一在战前对近代日本对外关系所做出的努力。

涩泽荣一是日本近代化的开拓者，这里面包含涩泽荣一自明治维新以来大力促进日本对外关系发展，推进日本近代化进程的丰富内容，从这个角度说，涩泽荣一是日本近代对外关系发展的开拓者。

一、为开启日本近代对外关系进行思想启蒙

明治维新以前二百多年间，日本实行闭关锁国国策，谈不上有正常的

深感震撼。涩泽本是"尊王攘夷"派的追随者,他从封建社会的日本来到新兴资本主义的欧洲,思想观念发生了很大的变化,西欧列强还有其文明的一面,先进的一面,他承认西方文明胜过日本。它的经济社会制度、科学技术、文化教育以及社会治理水平,都值得日本学习。

涩泽回国后与此次一同出访的杉浦霭山合作撰写了一部《航西日记》,他们把远洋途中和留欧期间的所见所想,介绍给日本读者。该书于明治三年(1870年)冬出版,在日本产生了深刻影响。

二、积极导入欧美资本主义经济社会管理制度

涩泽荣一任职明治维新政府大藏省时,为向西方学习,打破幕府旧制,使日本成为新兴资本主义国家,他积极向上建议,成立了一个专事经济体制改革的政府机构——改正挂(由涩泽主其事)。涩泽充分利用这个平台,积极导入欧美资本主义经济社会管理制度。如,将历来以实物进贡的租赁形式改为以货币征收;将旧有的驿递之制改为近代的邮政制度;主张引进外资兴建电信和铁道设施;主张像欧美国家一样建立博物馆、植物园、动物园,建立养育院、职业介绍所等服务机构;主张设立宝源局,以促进工农业和矿业等行业发展;主张进行实业技术教育。

他在担任大藏少辅后,模仿美国,起草了《日本大藏省官职制度及事务章程》,其中规定:凡是支出或纳入钱款时,都必须持有大藏卿或辅认可的证据。这是日本当时从未有过的新型的财会制度。为了推动日本实业发展,实现殖兴产业的目标,积极主张实行欧美的股份制企业制度,即所谓的集金主义制度。他在公务之余撰写《立会略则》,并请福地源一郎撰写《公目办》一书,于明治四年9月将该二书作为官版发行。他还以美国纸币条例为基础,参考欧美诸国的货币法规,起草了日本《国立银行条例》和《国立银行章程》,日本政府于明治五年发布。这是日本的货币条例。他在辞去政府职务后,于明治六年在日本创立了第一家国立银行,自己任总监,其资金就是按照集金主义原则运作的。我们大家现在无比熟悉的一个

词汇——"银行"，就是涩泽荣一将欧美的"邦克"（Bangke）翻译而成的。这些举措，对于推动日本向欧美学习，与欧美积极交往，有很大意义。

涩泽荣一尤为重用外交人才，力主选派人员到国外学习科学技术。他先后从幕府遗臣中选拔了一批诸如前岛密、杉浦让等现代国家发展必备的对外交涉人才。他为伊藤博文的初次访美推荐的福地源一郎不仅精通外语，而且有丰富的西洋知识，对岩仓使团的"美欧巡回"之旅起到了重要作用。明治十四年，涩泽荣一发起成立大阪纺织株式会社，他指令当时在英国留学的旧津和野藤士山边进入英国纺织工厂，学习纺织技术，他们回国后，成为技师，管理生产业务。涩泽还曾帮助三重县的伊藤博士创设了三重纺织会社，派遣人员到欧美各国参观学习。明治二十年，他派遣理学士泽井廉赴美留学，学习电话技术，成为世界大发明家爱迪生的徒弟。此外，涩泽还曾派遣青木直治赴印度学习制蓝等染料制造技术。

再就是涩泽大胆从欧美聘用人才，帮助日本发展近代资本主义经济。明治三年，为改良日本的蚕丝产业，涩泽荣一正式聘请法国技师布流纳，在日本建起了一座法国式的制丝厂，这是日本官营企业的第一座近代工厂。这个富冈制丝厂办得很成功，给当时日本沉闷的经济带来了一股新气息。明治六年，他创立第一国立银行时，聘请英国专家阿兰香德担任顾问，并以这位专家的著作《簿记精法》为教材，训练银行职员掌握复式簿记，整顿会计制度。他还请这位专家培训教育日本有志于从事商业的年轻人，使他们成为商界的有用人才。这不仅极大地提高了商业整体的地位，也为日本后来飞跃发展奠定了基础。

三、按照近代国际外交惯例，首开民间外交之风

日本是个岛国，且长期实行闭关锁国政策，政府并没有积极开展国际交往、主动发展对外友好关系的理念，也没有去教化国民成为了解世界，重视外交，知晓礼仪的人士。涩泽荣一周游欧洲列国时，亲自体验过外国人的友好和善意，深感本国国民对外交往的不足。明治十二年，涩泽利用

美国第18任总统格兰特将军访问日本的机会，以东京市民的名义，举办盛大的欢迎典礼。他邀请日本天皇莅临，邀请皇族及百官出席；还举办武术表演等节目，营造活跃、热情、友善的氛围；还邀请将军在东京新富座观看演剧，并设盛大宴会款待。格兰特将军一行受到了日本民间有史以来的真诚友善高规格的接待。这种友好、隆重、礼貌的接待在今天看来是很平常的事，但在当时的日本，确是开创性的。为了促进对外关系，涩泽荣一于明治二十六年还创立了喜宾会，后来相继修建帝国饭店、帝国剧场，积极开展日本民间社会对外交往，发展对外友好关系的活动。

四、开创日本民间经济外交

明治维新以来，日本在涩泽荣一、伊藤博文等人的倡导下，比较注重与欧美大国发展外交关系。此时日本的对外关系除了政府间的交往外，还开辟了民间经济外交的途径，也称为国民外交。

近代的日美关系可以追溯到1853年"佩里来航"。自1858年缔结《日美修好通商条约》到1940年日本偷袭珍珠港的80余年里，日美关系以友好合作为主流。进入20世纪以来，由于日本成为经济强国，国际地位上升，尤其在日俄战争之后日美两国开始意识到双方的威胁。1906年以美国西海岸为中心的区域发生了人种主义问题，日美之间爆发了首次摩擦。1924年美国颁布排日移民法案，日美关系出现严重危机。此时的涩泽荣一已是日本商界泰斗，日本外相小村希望他能为改善日美关系发挥作用，涩泽自己也认识到民间外交的必要性和重要性，为了改善日美关系和日欧关系，他开始了国民外交活动。

明治三十五年(1902年)5月15日至10月31日，涩泽荣一携夫人一行用了近半年的时间游历访问了欧美等大国。他首先在美国受到罗斯福总统的接见。随后在英国伦敦商业会议所受到了高规格的礼遇，还成功地游历访问了法国、意大利等国家。明治四十二年(1909)，涩泽荣一接受美国歇托尔及太平洋沿岸八大商业会议所的邀请，以团长身份率领日本实业界的

30名重要人物访问美国。涩泽一行遍访了美国53个城市，进行了所谓的国民外交，一路受到友善接待。他的国民外交活动，实实在在地影响了当时的日美关系和日欧关系，为缓和危机、改善双边关系起到了积极的促进作用。

涩泽荣一不仅注重与欧美大国开展民间经济外交，还十分重视与邻近大国中国开展国民外交活动。1914年(大正三年)5月至6月，涩泽率领日本实业界重要人物访问中国，遍历北京、天津、上海、杭州、南京、武汉、大冶等城市，受到中国高规格的礼遇，各地方长官和绅商纷纷出迎，大总统袁世凯亲自接见。华中师范大学马敏教授评论说，"涩泽荣一访华团规模虽小，却是近代日本财界派出的第一个有工商界最高领导人参加的对华实业考察团，故引起海内外强烈关注"，"是当时中日关系史上的一件大事"。"这次访问尽管只有短短的30余天，但于中日实业界之间的交流却有着极为重要的意义。"(田彤编《1914涩泽荣一中国行》，华中师范大学出版社2013年1月第1版，序二)著名历史学家、教育家章开沅先生评价"此次旅行堪称涩泽荣一晚年的一次壮举"。他认为涩泽荣一"在国际关系与社会生活两方面确实有许多深刻的感悟"，"包括宣讲其《论语与算盘》的成功理念，"至今都可以作为中日经济文化交流的重要借鉴"(同上，序一)。

五、积极与亚洲国家开展经济合作

为了发展日本的经济，涩泽荣一与韩国的合作比较早。为发展对韩贸易，1877年他请求日本政府通过日韩通商保护条规，次年便在韩国釜山开设了日本第一国立银行釜山支行。他还从美国人摩洛斯手里买下朝鲜京城与江川之间的铁道铺设权，并将这条铁路修建好，通车运行；此外又在京城与釜山之间铺设了铁道。

涩泽荣一与中国的经济交往是在中日甲午战争之后，以在上海创办工厂等形式展开的。1913年他以日本财界领袖的身份积极参与邀请孙中山访

日，商议创办中日合资公司。为此事项，涩泽荣一于次年到中国考察访问，推动中日合资公司发展。

为了进口印度的棉花，涩泽荣一请求日本政府派遣官吏同纺织会社人员一道赴印度考察工商业。为了运输棉花，他与印度达达商社合作开辟新的海上航路，与英国的比欧航运公司竞争，使棉花运输价格大幅下降。

综上所论，涩泽荣一为推进日本的近代化进程做出了很大的贡献，其中为促进日本近代对外关系发展建立了不朽的丰功伟绩。他的对外关系思想和实践呈现三个重要特征：一是具有开明性、先见性和大局观，为把西方的近代经济体系导入日本做出了巨大努力，为开创日本新时期的对外关系做出了巨大贡献。二是他将自己"道德经济合一"也就是《论语与算盘》的商业理念，融入推进日本近代对外关系之中，并进而向着"国际道德"和"世界和平"的理念上升华。三是他的对外关系实践活动还体现出对欧美的注重学习，对亚洲注重实业开发的特征。

目　　次

序章 ……………………………………………………………………………… 1

　第一節　先行研究について ………………………………………………… 1

　第二節　本書の構成 ……………………………………………………… 17

第Ⅰ部　渋沢栄一における西洋認識と国家観念の形成

第一章　渋沢栄一の米英認識の由来 …………………………………… 23

　第一節　黒船来航の衝撃 ………………………………………………… 23

　第二節　外患に絡む内憂 ………………………………………………… 29

　第三節　尊王攘夷論者になる …………………………………………… 34

　おわりに …………………………………………………………………… 37

第二章　幕臣としての欧州体験 ………………………………………… 38

　第一節　渡欧前の覚悟と船中の体験 …………………………………… 39

　第二節　パリ万国博覧会と欧州巡歴 …………………………………… 42

　第三節　帰国後の進路選択 ……………………………………………… 47

　おわりに …………………………………………………………………… 50

第三章　渋沢栄一の国家観念について ………………………………… 51

　第一節　『青淵百話』から見た渋沢の国家観念 ……………………… 52

　　　第二節　他の談話や講演から見た渋沢の国家観念 ……………… 60
　　　おわりに ………………………………………………………………… 66

第Ⅱ部　政策提言と対米・対中民間外交に現れた国際感覚

第四章　経済合理主義の推進者—明治政府への影響を中心に ……… 71
　　　第一節　明治官僚としての人材登用建議 ……………………… 72
　　　第二節　大実業家の政策提言 …………………………………… 85
　　　おわりに ………………………………………………………………… 95

第五章　渋沢栄一と日米関係—米大統領との交流をめぐって ………… 96
　　　第一節　対米交流の準備期—グラント将軍から始まり ………… 99
　　　第二節　対米交流の高揚期—ルーズベルト大統領、ウィルソン
　　　　　　　大統領とハーディング大統領 ……………………… 106
　　　第三節　対米交流の冷却期—クーリッジ大統領とフーヴァー
　　　　　　　大統領 ……………………………………………… 119
　　　おわりに ……………………………………………………………… 121

第六章　渋沢栄一と日中関係—日中合辨会社を例として …………… 122
　　　第一節　渋沢栄一、孫文と中国興業公司 …………………… 127
　　　第二節　渋沢の第三次訪中と中日実業株式会社 …………… 138
　　　第三節　中日実業株式会社の運営概要 ……………………… 149
　　　第四節　渋沢の中日実業株式会社設立関与に対する評価 ……… 157

第Ⅲ部　晩年における国際感覚の進化とその影響

第七章　渋沢栄一の対外姿勢—『論語と算盤』、『論語講義』
　　　　　を手がかりに …………………………………………… 163

第一節　「帰一協会」との協働について ………………… 165

第二節　『論語と算盤』と『論語講義』から見た渋沢の
　　　　国際感覚 ………………………………… 171

第八章　渋沢栄一の国際感覚と対外交流 ………… 184

第一節　海外における交流活動 ………………… 185

第二節　日本国内における外交活動 ……………… 188

第三節　ワシントン会議の出席による世界情勢への予期 ……… 192

第四節　太平洋問題調査会への助成と参与 ……………… 193

おわりに ……………………………………… 200

結論 ………………………………………… 201

参考文献 …………………………………… 206

渋沢栄一年譜 ……………………………… 216

図表目次

図 1　蘇密多走蒸気船於本国之図 ･････････････････････････････ 26

図 2　義律泛大軍艦到天津江之図 ･････････････････････････････ 26

図 3　渋沢栄一の日本国内における外交活動年度分布図 ･･･････････ 105

図 4　渋沢栄一 1914 訪中の路線図 ･･･････････････････････････ 141

図 5　1909 年渡米実業団訪問都市・コース一覧 ･･･････････････････ 187

図 6　日本国内における外交活動内訳図 ･･･････････････････････ 191

表 1　木戸渋沢関係日記 ･･････････････････････････････････････ 85

表 2　東京商法会議所沿革 ････････････････････････････････････ 90

表 3　アメリカ元大統領グラント将軍接待日程 ･････････････････ 102

表 4　孫文 1913 年訪日と日中合辦会社に関連する日程 ･･････････ 129

表 5　渋沢栄一 1914 年訪中の際に会見した中国側代表一覧 ･･･････ 142

表 6　中日実業株式会社の第二期の運営事業一覧 ･･････････････ 150

表 7　渋沢栄一の中日実業株式会社運営に関わる活動 ･････････ 154

表 8　渋沢栄一の帰一協会に関わる対外活動 ･････････････････ 167

表 9　渋沢栄一の太平洋問題調査会に関わる活動一覧表 ･･･････ 195

序　章

第一節　先行研究について

　「日本近代資本主義の父」と呼ばれる渋沢栄一(1840—1931 年)は、幕末から明治、大正、昭和初期にわたって、経済をはじめ政治、文化、社会福祉など幅広い分野において重要な役割を果たした人物である。彼は経済的視点から近代日本の経済外交、国民外交の開拓と実践に挑み続けた。渋沢が近代日本に与えた影響及び彼の声望は、日本の研究者たちに長年注目され、紙幣の肖像の候補者にもなったこの大人物についての研究が重ねられてきた。さらに近年、「竜門社」に由来する渋沢栄一記念財団(公益法人)①は渋沢研究に関する国際シンポジウムを主催し、また各地に渋沢研究センターを設けるなど、活動範囲を全世界に広げ、とりわけ

---

　　①　渋沢栄一記念財団は、渋沢栄一が常に主張し、実践していた「道徳経済合一主義」に基づき、経済道義を高揚することを目的とする公益財団法人である。1886 年(明治 19)年に、当時の渋沢邸に寄宿していた青年たちが新しい世の中をつくるための勉強会を開いた。その指導に当たっていた尾高惇忠(渋沢栄一の論語の師であり従兄でもある)が、鯉が滝を登って竜になるという中国の故事に因み、この勉強会を「竜門社」と名づけた。その後竜門社の集まりも次第に拡大し、1924(大正 13)年に財団法人になり、1946(昭和 21)年には「渋沢青淵記念財団竜門社」、2003(平成 15)年に「渋沢栄一記念財団」に変更し、2010(平成 22)年 9 月に「公益財団法人渋沢栄一記念財団」となった。渋沢栄一記念財団のホームページ(http://www.shibusawa.or.jp/outline/index.html)を参照。

東アジアの研究者たちの関心を集めている。

（一）渋沢研究の概説

1. 日本における渋沢研究

　日本における「渋沢研究」成果は膨大な量にのぼる。全国図書館やeコマースの検索システムを使えば、「渋沢栄一」をキーワードにした項目は何百個も出てくる。その中で『渋沢栄一：民間経済外交の創始者』（木村昌人、中公新書 1991）、『渋沢栄一の経世済民思想』（阪本慎一、日本経済評論社 2002）、『渋沢栄一の企業者活動の研究―戦前期企業システムの創出と出資者経営者の役割』（島田昌和、日本経済評論社 2007）、『渋沢栄一：「道徳」と経済のあいだ』（見城悌治、日本経済評論社 2008）などのような研究書は少なくなく、また『近代の創造：渋沢栄一の思想と行動』（山本七平著、PHP 研究所 1987）のような評伝もある。さらに『渋沢栄一とヘッジファンドにリスクマネジメントを学ぶ：キーワードはオルタナティブ』（渋澤健、日経 BP 出版センター 2001）、『渋沢栄一：100の訓言』（渋澤健、日経ビジネス人文庫 2010）のような企業経営者を対象とした読物も多く出版されている。総じて言えば、渋沢研究の原点は明治大正経済史にある。1925 年に刊行された大滝鞍馬『子爵渋沢栄一』（渋沢子爵伝記刊行会）の序文で「子爵の閲歴は、明治経済史の根幹をなしているから」①と指摘したように、20 世紀第 1 四半期から始まった渋沢研究は経済史や経営史を中心に進められてきた。渋沢研究の「巨星」と呼ばれる土屋喬雄②と

---

①　大滝鞍馬『子爵渋沢栄一』渋沢子爵伝記刊行会 1925 年、1 頁。
②　土屋喬雄（1896—1988）大正、昭和時代の経済学者。東京帝国大学卒業、1939 年同大学の教授になり、日本資本主義論争では労農派の論客として活躍し、人民戦線事件に連座し、大学を追放され、戦後に復帰した。専攻は幕末、明治期の日本経済史である。『渋沢栄一伝記資料』の編集主任を務めた。主要著作は『渋沢栄一伝』（改造社 1931）、『人物叢書：渋沢栄一』（吉川弘文社 1989）、『日本資本主義史上の指導者たち』（岩波書店 1982）、『日本経営理念史』（日本経済新聞社刊 1964）、『続日本経営理念史』（日本経済新聞社刊 1967） などである。

長幸男①はいずれも経済学者であった。

　1931 年以前に刊行された渋沢に関する著書の大半は記伝体の書物であった。例えば『明治百商伝：起業秀才』(竹内蠖亭、東京出版会社 1880)、『近世英名百首伝』(富田安敬、東京：開進堂 1887)、『内外豪商列伝』(坪谷善四郎、東京：博文館 1891)、『実業人傑伝』(広田三郎、東京：実業人傑伝編輯所 1898)、『日本新英傑伝：列伝体明治史』(高橋立吉、東京：東亜堂書房 1912)などはみな、一章をさいて渋沢栄一について記述している。渋沢の伝記として彼の還暦記念として編纂された『青淵先生六十年史：一名近世実業発達史(全 2 巻)』(竜門社、東京：竜門社 1900)と米寿記念として刊行された『青淵回顧録(上、下巻)』(渋沢栄一述、小貫修一郎編、東京：青淵回顧録刊行会 1927)、『世界の驚異国宝渋沢翁を語る』(子爵渋沢栄一翁頌徳会編纂、東京：実業の世界社 1929)のほか、個人伝記がもう2冊ある。生駒粂造著『渋沢栄一評伝』(東京：有楽社 1909)はおそらく渋沢の自叙伝である『雨夜譚』を除く、他者による最初の個人伝記であり、渋沢の誕生から男爵の授与をうけた前後までの経歴と貢献を描いた。そこに大隈重信が序文をよせていたことが注目される。前文で言及した『子爵渋沢栄一』(1925)の巻本は『渋沢栄一評伝』より倍の厚さになるが、内容は渋沢の幼時から1873 年大蔵省退官までの経歴を中心とする青年期の記録である。

　30 年代から70 年代までの渋沢研究は伝記の作成と一次資料の蒐集が特徴的であった。土屋喬雄は渋沢が逝去した1931 年 11 月に 1 冊の『渋沢栄一伝』を刊行し、さらに1936 年から『渋沢栄一伝記資料』(全 68 巻、渋沢

---

①　長幸男(1927—2007)昭和後期、平成時代の経済学者。東京大学経済学部卒業し、専修大学経済学部教授、プリンストン大学客員研究員、ハーヴァード大学客員研究員、東京外国語大学教授、学長などを歴任した。主要著作は『日本経済思想史研究—ブルジュア、デモクラシーの発展と財政金融政策』(未来社 1963)、『昭和恐慌』(岩波書店 1973)、『石橋湛山—人と思想』(東洋経済新報社 1975)、『雨夜譚』(岩波文庫 1989)などである。

栄一伝記資料刊行会刊 1944—1971、以下は『伝記資料』と略称）の編纂主
任を務め、研究の資料上の基礎を固めた。『伝記資料』は渋沢に関する
多くの一次資料を最も早い時間に集めた集成本であり、日記、書簡、講
演、著作だけではなく、彼の生きた時代の経済、政治、外交、社会、文
化等の様々な方面の関連史料が収録されている。これまでの研究は『伝
記資料』の上で構築し、発展してきたものといっても過言ではない。こ
の段階で出版した渋沢に関する個人伝記は主に次の 12 冊、すなわち
『渋沢栄一伝』（土屋喬雄、東京：改造社 1931）、『少年渋沢栄一伝』（岡本
瓊二、東京：文化書房 1932）、『渋沢栄一翁』（白石喜太郎、刀江書院
1933）、『渋沢栄一伝 』（中川重、東京：日本社 1935）、『渋沢栄一自叙伝』
（高橋重治編、渋沢翁頌徳会 1937）、『渋沢栄一伝』（幸田露伴、岩波書店
1939）、『攘夷論者の渡欧：父、渋沢栄一』（渋沢秀雄、東京：双雅房
1941）、『青渕渋沢栄一翁写真伝』（野依秀市編纂、東京：実業之世界社
1941）、『青淵渋沢栄一：思想と言行』（明石照男、東京：渋沢青淵記念財団
龍門社 1951）、『渋沢栄一：日本民主自由経済の先覚者』（山口平八、東京：
平凡社 1963）、『太平洋にかける橋—渋沢栄一の生涯』（渋沢雅英、読売新
聞社 1970）、『明治を耕した話：父、渋沢栄一』（渋沢秀雄、東京：青蛙房
1977）である。

　さらにこの 50 年間における渋沢研究では、土屋喬雄が代表とする経済
史、経営史などの視点からの論著が幾冊刊行された。『日本国防国家建設
の史的考察』（東京：科学主義工業社、1942）は渋沢の公益優先の国防国家
建設の指導理念を論じ、『日本資本主義の経営史的研究』（東京：みすず書
房 1954）は渋沢の実業界への指導の事歴を言及し、『日本の経営者精神』
（東京：経済往来社 1959）は渋沢の事歴と指導精神をとりあげた。『日本
経営理念史：明治、大正、昭和の経営理念』（東京：日本経済新聞社 1967）
は渋沢の儒教倫理を基本とする経営理念を論述した。ほかには、日本経
営史学界にとって画期的なシリーズ本と言われる宮本又次、中川敬一郎

監修の『日本経営史講座』①(全6巻)では、日本経営史の重鎮として渋沢
を取り上げている。たとえば第4巻『日本の企業と国家』では、「渋沢栄
一：日本株式会社の創立者」(森川英正)をタイトルとして一章をさいて
財界人やオーガナイザーとして渋沢、及び彼の実業思想について論じた。
論文においては、土屋氏の「渋沢栄一の經濟思想について」②と「渋沢栄一
と経済道徳」③は、渋沢の経済思想を論じた最初の論文である。亀井浩明
氏の「社会経済史における人物指導—渋沢栄一の役割」④は渋沢の日本近
代経済史での位置付けと影響を、瀬岡誠の「渋沢栄一における革新性の形
成過程」⑤と「渋沢栄一におけるイデオロギーと革新性」⑥は渋沢の革新
的な企業者としての活動の形成および彼のイデオロギーを、多田顕の「福
沢諭吉と渋沢栄一の思想について：特に儒教をめぐって」⑦は福沢諭吉と
の比較研究によって渋沢の儒教思想を、小野健知氏の「渋沢栄一と経済倫
理—その主観的精神」⑧は渋沢の経済倫理についてそれぞれ論述した。久
世了氏の「日本資本主義の思想としての「家族国家観」」⑨は日本資本家階
級の思想を論じるとき、渋沢と択善会を取り上げた。このほか、渋沢に

　①　『日本経営史講座』(日本経済新聞社1976)は1964年に設立された「経営史学
会」の過去十数年に及ぶ研究活動の総決算である。第1巻宮本又次編『江戸時代の企
業者活働』、第2巻由井常彦編『工業化と企業者活動』、第3巻安岡重明編『日本の財
閥』、第4巻森川英正編『日本の企業と国家』、第5巻中川敬一郎編『日本的経営』、第
6巻間宏編『日本の企業と社会』。
　②　土屋喬雄「社會經濟史學」1950、16〔2〕、社会経済史学会、2-26頁。
　③　土屋喬雄「経済新潮」1954、2〔4〕、120-125頁。
　④　亀井浩明『歴史教育』1970、18〔1〕93-99頁。
　⑤　瀬岡誠『大阪大学経済学(高田馨博士還暦記念論文集)』1976-09、26〔1，2〕、
196-248頁。
　⑥　瀬岡誠『大阪大学経済学(大野忠男博士還暦記念論文集)』1977-03、26〔3，4〕、
239-287頁。
　⑦　多田顕『千葉大学教養部研究報告』1979、A12，133-170頁。
　⑧　小野健知『日本大学精神文化研究所、教育制度研究所紀要』1979-03(10)，
57-89頁。
　⑨　久世了、北海道大学『經濟學研究』1967、17〔2〕107-141頁。

関する紹介文は渋沢財団の機関誌である『青淵』(前身は「竜門雑誌」)に常に掲載され、例えば「渋沢青淵の道徳経済合一主義」①、「渋沢青淵翁の経済思想」②、「青淵翁の経済論理」③、「日本経済史上の渋沢栄一」④、「渋沢、金原二翁の経営精神について」⑤、「日本経済近代化の指導者—渋沢栄一」⑥、「渋沢栄一の思想体系」⑦などがある。

　80 年代から日本の経済は戦後 30 年間の復興と発展によって最盛期を迎えた。それにつれて渋沢研究も新しい階段に前進した。まず、伝記、評伝の刊行については前段階に比べて減少した。評論家であった山本七平の『近代の創造：渋沢栄一の思想と行動』(東京：PHP 研究所 1987)が代表的である。また栄一の孫である渋沢華子は彼の青年期の渡欧体験を中心とし、自らフランスを尋ね祖父の足跡をたどったユニークな評伝『渋沢栄一、パリ万博へ』(東京：国書刊行会 1995)を出版した。佐野真一『渋沢家三代』(文芸春秋 1998)は栄一、息子、篤二、嫡孫、敬三の人間的魅力を取り上げ、「財なき財閥」と呼ばれた渋沢一族の活動を中心とする評伝である。ほかには『埼玉の先人—渋沢栄一』(韮塚一三郎、金子吉衛、さきたま出版会 1983)のような地方と渋沢の関係を中心においての渋沢伝記もあった。

　第二に経営史、企業者史に関する研究が特徴的である。「日本紡績創業期における企業者活動—渋沢栄一の企業者発想—」⑧と「渋沢栄一の企業者活動とその周辺経営者—複数会社への関与経営者を中心に」⑨は渋沢の

---

① 　吉澤傳三郎『青淵』1950、11〔2〕1-21 頁。
② 　土屋喬雄『青淵』1950、13〔5〕1-3 頁、14〔6〕4 頁、16〔8〕5-6 頁。
③ 　龍野健次郎『青淵』1950、17〔9〕1-4 頁、19〔10〕3-13 頁。
④ 　金古恒雄『青淵』1954、60〔3〕1-18 頁。
⑤ 　土屋喬雄『青淵』1961 年、148〔7〕14-18 頁。
⑥ 　松田銑『青淵』1963、172〔7〕16-18 頁。
⑦ 　深津健一『青淵』1954、58〔1〕12-21 頁。
⑧ 　大津寄勝典『中国短期大学紀要』1992、〔23〕121-137 頁。
⑨ 　島田昌和『経営論集』明治大学経営学研究所 1998-03、45〔2-4〕、63-78 頁。

序　章　7

企業者活動を対象として扱かった。「渋沢栄一の銀行企業活動—埼玉県
における場合」①は渋沢の埼玉県における銀行企業活動を取り上げた。
「渋沢栄一と近代的企業家の出現」②は実業家としての渋沢が生涯の哲学
としていた儒教主義の内容と起業の意義を論述した。「渋沢栄一の経営
理念にみる現代的意義—関係企業の企業行動を通して」③と「商人の知恵
に学ぶ経営の心 渋沢栄一の巻」④は渋沢の経営理念を中心として論じた。
また経営者研究においては張謇(1853—1926年)との比較研究もある。中井
英基氏は「儒教文化圏における企業者精神と近代化-張謇と渋沢栄一の比較
研究」⑤と「張謇と渋沢栄一——日中近代企業者比較論」⑥において、「企業
者史学」の視角から張謇と渋沢栄一という近代日中両国の代表的企業家を
とりあげ、東アジア儒教文化圏の近代化、工業化において企業者が果たし
た役割や機能、そこで発揮された企業者精神などの問題点を究明した。
　　第三に思想研究に関しては、倫理思想と経済思想という二つの面にお
いて研究がなされた。小野健知『渋沢栄一と人倫思想』(東京：大明堂
1997)は学者ではない渋沢の行動を検討しながら、彼の背景にある一大変
動期の人倫思想とその基本にあるものを把握しようとした。小野健知氏
の「渋沢栄一における調和思想の展開—特に労働と資本をめぐって」⑦と
多田顕氏の「渋沢栄一の思想研究——労働問題との関連において」⑧、「渋
沢栄一の思想研究—労働問題との関連において(続)」⑨は、労働と資本の

①　KATO Ryu『政経論叢』1996、64〔3-4〕1-21頁。
②　植松忠博『國民經濟雑誌』1993-12、168〔6〕1-26頁。
③　本多哲夫『上武大学商学部紀要』1994-03、5〔1〕31-69頁。
④　並木和夫『近代企業リサ-チ』1999-02-10、〔811〕84-86頁。
⑤　中井英基 北海道大学文部省科学研究費補助金研究成果報告書1987。
⑥　中井英基『一橋論叢』1987-12、98〔6〕889-904頁。中国語版：《张謇与涩泽荣一——日中近代企业家比较研究》、《国外社会科学》1988-07。
⑦　小野健知『日本大学精神文化研究所、教育制度研究所紀要』1980、11〔1〕111-144頁。
⑧　多田顕『経済論集』1981、31(篠原武英教授古稀記念論文集)、141-158頁。
⑨　多田顕『経済論集』1982、33〔3〕(吉田義信教授、江副邦英教授古稀記念論文集)、87-116頁。

問題をめぐって渋沢の経済思想を取り上げた。加えて坂本慎一氏は「初期渋沢栄一の自由主義経済思想：「臣としての実業家」という観点から見た『立会略則』の分析」①と「渋沢栄一と田口卯吉の対立：明治時代の経済自由主義を巡る「文明の衝突」」②の二篇において、自由主義経済の視点から渋沢を討論した。また比較研究では、「渋沢栄一と渡辺海旭—近代日本思想史の中で，倫理と宗教—」③は渋沢の儒教的倫理思想と渡辺の仏教的思想、及び各自の行動を比較しつつ考究した。さらに「渋沢栄一『論語講義』の儒学的分析：晩年渋沢の儒学思想と朱子学、陽明学、徂徠学、水戸学との比較」④と「渋沢栄一の社会事業思想—東京市養育院をめぐって」⑤は、それぞれ渋沢の儒教思想と公益思想について論述した。「日本的経営と儒教思想：「忠」の哲学、「和」の理念」⑥と「渋沢栄一における武士道と実業道：「実験論語」の人物評論を通して」⑦は、それぞれ『論語』と渋沢の精神への実践について考察した。

　第四に総合的研究においては、『公益の追求者、渋沢栄一：新時代の創造』（渋沢研究会編、東京：山川出版社 1999）が代表的である。本書は五つの部に分かれ、企業家として活躍した渋沢の国際交流、民間外交、社会福祉、教育分野で貢献を取り上げ、「健全な資本主義の育成と利潤の社会への還元をモットーとした渋沢栄一の軌跡をたどる」研究の集成である。また木村昌人氏の『渋沢栄一：民間経済外交の創始者』（中央公論社 1991）は数少ない国民外交の視点から渋沢を論じた論著である。「渋沢栄一と国民外交—米国に於ける日本人排斥問題への対応を中心として-」⑧は国

①　坂本慎一『經濟學雜誌』1998-05、99〔1〕41-57 頁。
②　坂本慎一『經濟學雜誌』1998-11、99〔3/4〕18-37 頁。
③　峰島旭雄『産業経営』1997、〔23〕79-99 頁。
④　坂本慎一『經濟學雜誌』1999-09、100〔2〕66-90 頁。
⑤　小野健知『日本大学理工学部一般教育教室彙報』1984、36〔9〕1-12 頁。
⑥　蔡林海『年報筑波社会学』1991-12、〔3〕54-73 頁。
⑦　梅津順一『青山學院女子短期大學紀要』1994-12-10、〔48〕71-51 頁。
⑧　片桐庸夫『渋沢研究』1990、創刊号 4-24 頁。

民外交に関して次の(三)において詳しく説明する。

　21世紀に入ってから、渋沢研究は経営史に集中すると同時に、多分野からのアプローチが増加している。まず企業者研究においては島田昌和氏の研究が代表的である。彼は企業者研究に関する若干の論文を発表し①、2冊の著作に観点をまとめている。一つは『渋沢栄一の企業者活動の研究：戦前期企業システムの創出と出資者経営者の役割』(日本経済評論社2007)において渋沢の企業者活動のあり方、トップマネジメントの手法、資金面のネットワーク作りなどと多方面から分析した。もう一つは『渋沢栄一──社会企業家の先駆者』(岩波書店2011)において、渋沢が生涯に関わった大量な会社経営から作り上げた民間ビジネスの自立モデルや、社会全体の発展のために自ら行動しつづけた社会企業家の先駆者として足跡を明らかにした。ほかに安彦正一氏の「日本企業史にみる渋沢栄一の企業者活動(2)択善会を中心にして」②は彼が組織した択善会を通して、渋沢の企業者としての活動を取り上げた。

　それから実業教育史においては、三好信浩著『渋沢栄一と日本商業教育発達史』(東京：風間書房2001)と于臣著『渋沢栄一と「義利」思想：近代東アジアの実業と教育』(ぺりかん社2008)が、それぞれ商業教育に焦点づけて渋沢栄一の思想と実践の軌跡を考察し、また渋沢の「義利」思想すなわち倫理規範と物質的利益に関する思想を同時代中国の代表的実業家である張謇との比較研究を通じて、近代東アジアの実業と教育を取り上げる。また「渋沢栄一の実業構想と徳育問題──明治後期を中心に」③という渋沢の実業構想から教育文化においての徳育問題に注目する論文もある。

---

① 「渋沢栄一を中心とした出資者経営者の会社設立、運営メカニズムの一考察」、『経済論集』2005、15〔1〕5-28頁。「企業者史、再論としての渋沢栄一──「経営構想力」概念を用いて」、『経済論集』2011、21〔1〕1-15頁。

② 安彦正一『研究年報』2000、〔12〕17-35頁。

③ 羽生正人『教育文化』2007-03、〔16〕49-23頁。

つづいて渋沢の思想研究に関する幾つか成果を挙げる。まずは坂本慎一『渋沢栄一の経世済民思想』(日本経済評論社 2002)は「渋沢の思想についての初めての研究書」と称されている。また大谷まこと『渋沢栄一の福祉思想：英国との対比からその特質を探る』(ミネルヴァ書房 2011)は渋沢の社会福祉事業に関する活動と業績を明らかにし、英国のチャールズ、ブースとの比較研究によって渋沢を評価した。

ほかに幾冊の論文集はある。陶徳民、姜克実、見城悌治、桐原健真編著『東アジアにおける公益思想の変容-近世から近代へ』(日本経済評論社、2009)と『近代東アジアの経済倫理とその実践-渋沢栄一と張謇を中心に』(日本経済評論社 2009)という二つの論集は、渋沢、張謇、経元善、周学熙など代表的企業家や事業家による「経世済民」の実践と諸問題を論述し、また留岡幸助、熊希齢などのよう近代日中の代表人物を取り上げた。『渋沢栄一とアルベール、カーン日仏実業家の交流と社会貢献：シンポジウム報告書 = *Ei'ichi Shibusawa et Albert Kahn：echanges franco-japonais d'entrepreneurs philanthropes：rapport du colloque*』(渋沢栄一記念財団編 ; 小川カミーユ訳、渋沢栄一記念財団 2011)は、渋沢とフランス人銀行家のアルベール、カーンに焦点をあて、同時代を生きた日仏実業家の交流を取り上げた。

渋沢栄一の対外思想に関する研究も、例えば『青年、渋沢栄一の欧州体験』(泉三郎、祥伝社 2011)、『青い目の人形と近代日本：渋沢栄一とL、ギューリックの夢の行方』(是澤博昭、世織書房 2010)、『渋沢栄一の国民外交：民間交流のパイオニア』(片桐庸夫、藤原書店 2014)などである。それについては、本書の(二)において詳しく論じる。

2. 中国、韓国における渋沢研究

中国における渋沢研究は日本より遅く、1980 年代から始まっている。このとき日本では『伝記資料』の刊行によって資料の準備が整い、海外の研究者たちはそれを基礎として渋沢研究を展開した。80 年代始まる中国

の「近代化論」ブームに従って、同研究も次第に関心を集め、主として儒
教や企業家史の研究に焦点をあて、また張謇との比較研究に集中した。
例えば『儒家思想与日本的現代化』（王家驊、杭州：浙江人民出版社 1995、
日本語版『日本の近代化と儒学―中国における日本思想の研究』農山漁村
文化協会 1998）は、「論語と算盤」に象徴される日本的な資本主義精神を
論及した。『明治儒学与近代日本』（劉岳兵、上海古籍出版社 2005）は「明
治儒学的実用性：従渋沢栄一看明治時代的經濟與儒学」と題した一章にお
いて、渋沢栄一の生涯を紹介し、日本資本主義の成立や渋沢の経済倫理
思想を取り上げた。『商人精神的嬗変 近代中国商人观念研究』（马敏、華
中師範大学出版社 2001、修訂版『商人精神的嬗変-辛亥革命前后中国商人
观念研究』華中師範大学出版社 2011）は張謇の士商的風格を分析し、それ
を日本の「産業の父」であった渋沢栄一と比較した。さらに『近代中日両
国企業家比較研究――張謇与渋沢栄一』（周見、中国社会科学出版社
2004、日本語版『張謇と渋沢栄一：近代中日企業家の比較研究』日本経済
評論 2010）は渋沢と同時代の張謇に焦点を当てつつ、中日企業家の比較
研究を行い、その異同を考察した。ほかに、「王道與覇道：渋沢栄一対華
態度與交往研究」（金東、華中師範大学博士論文 2011）は『渋沢栄一伝記史
料』に基づき、渋沢の中国における経済調査、教育、救済、外交などに焦
点を当て、思想と実践などの面において中国と近代日中関係の一側面を
明らかにし、またそのインタラクティブを反映した。論文において次の
「渋沢栄一的「論語加算盤」説與日本資本主義發展」（王家驊、『深圳大学学
報（人文社會科学版）』1994/02）、「渋沢栄一的実業思想與日本資本主義精
神」（周見、『日本研究』2003/04）、「日本近代「企業之王」-渋沢栄一」（張乃
麗、『日本学刊』1993/01）、「中國和日本的近代「士商」―張謇與渋沢栄一
之比較觀》（马敏、『近代史研究』1996/01）、『試論渋沢栄一與張謇研究的
當代意義』（胡令遠、『日本研究』2005/03）、「企業的利潤追求與企業家的
價值取向――張謇、渋沢栄一「企業與社會」思想比較研究」（王敦琴，『江
南大学学報（人文社會科学版）』2006/02）があり、それぞれは渋沢の実業

思想及び渋沢と張謇の比較研究に注目した。近年、渋沢栄一 1914 年訪中が研究焦点にのぼり、「渋沢栄一の一九一四年中国行」(金東、青淵〔724〕2009 年 7 月、39-41 頁、渋沢栄一記念財団)のほかに、『1914 渋沢栄一中国行』(田彤編華中師範大学出版社、2012 年 1 月第一版)という資料集が出版され、当時の「中国各都市の主要新聞の記事を通じて、中国側が栄一の訪問をどのようにとらえたかがわかる第 1 級の資料といえる」①。

　韓国における渋沢研究は「渋沢栄一と対韓経済侵略」(李培鎔、『国史館論叢』6、1989)から始まった。金明洙氏が指摘したとおり、韓国の渋沢研究主に四種類に分けられる。一つ目は韓国の植民地化過程と植民地支配における渋沢栄一の役割である。例えば『日本経済の先駆者たち』(金賢淑、オイルジュ編、慧眼 1994)、『日帝下植民地地主制研究：日本人会社地主朝鮮興業株式会社事例を中心に』(可智妍、慧眼 2010)、「漢城銀行の経営権、大地主構成推移と日本人銀行化過程」(鄭泰憲、『韓国史研究』148、2010)代表的である。二つ目は日本資本主義における近代的企業家の成立と渋沢栄一において、「近代的企業家の台頭と東京商法会会議所」(張福順、西江大学校大学院修士論文 2000)などがある。三つ目は、渋沢栄一の経営思想と論語については論著が少ないにもかかわらず、『論語と算盤』の翻訳や『日本の中の新論語学』(孔健著、尹鎬重訳、白岩 2008)が見られる。四つ目は成功した企業家のモデルとしての渋沢栄一を取り上げた。例えば『経営バイブル：一日一訓』(シンソッキュン、文昌社 1972)、『CEO が知っているべき日本人 12 名』(ノ、デヒョン、21 世紀ブックス 2009)などがある。それも中国において、同様の著書がある。例えば『左手論語、右手算盤』(李建忠訳、九州出版社 2013)、『当論語遇上算盤(日本最偉大商人的経営之道)』(蔡飛飛訳、中国華僑出版社 2012)は主なもの

①　田彤編『1914 渋沢栄一中国行』華中師範大学出版社 2012 年 1 月第一版、序三。

である。

3. アメリカにおける渋沢研究

　英語圏への発信は渋沢研究が始まったのとほぼ同じ時代であった。渋沢栄一の晩年に秘書を務めた小畑久五郎は1937年に英語で*An Interpretation of the Life of Viscount Shibusawa*を著し、当時のダイヤモンド事業株式会社の美術印刷所より出版された。また、渋沢の自叙伝である『雨夜譚』が出版された十年後にTeruko Craigにより英語に翻訳され刊行された(*The Autobiography of Shibusawa Eiichi: from Peasant to Entrepreneur*、東京大学出版会 1994)。アメリカにおいての渋沢研究は少ないが、幾冊の研究本に言及した。例えば Johannes Hirschmeier 著 *The Origins of Entrepreneurship in Meiji Japan*(『明治日本における起業家精神の起源』, Cambridge: Harvard University Press, 1964)と Byron K Marshall 著 *Capitalism and Nationalism in Prewar Japan: The Ideology of the Business Elite*, 1868-1941 (『戦前日本における資本主義と国家主義』, Stanford, CA: Stanford University Press, 1967)において、渋沢栄一を論及したところがある。また Ezra F. Vogel 編 *Modern Japanese Organization and Decision-making*(『近代日本の組織と意思決定』Berkeley: University of California Press, 1975)は「資本市場、銀行構造と利益の役割」と題した一章において、渋沢の近代日本資本主義の開創及び貢献について論述した。オーストリア人経営学者であったピーター、ファーディナンド、ドラッカー(Peter F. Drucker)は次の四冊の著書において渋沢を論及した。それは *Management: Tasks, Responsibilities, Practices*(『管理: タスク・責任・実践』1974)、*People and Performance*(『人々とパフォーマンス』Butterworth-Heinemann1977)、*The New Realities*(『新たな現実』1989)、*The Ecological Vision: Reflections on the American Condition*(『生態ビジョン: アメリカ条件についての考察』1993)である。ドラッカー氏は1993年の論著において、「三つ目の日本の効果的な行動習慣は銀行家、企業家、ビジネス哲学者であった渋沢栄一により

起源した。19世紀末に、商業を含む主要グループの指導者たちは義務を
持ち、渋沢はほかの全ての主要なグループの意見、行動、仮定、予想およ
び価値を理解し、そしてこれに反して、そのグループらが自身の意見、行
動、仮定、予想および価値を知られ、理解されるようにすることが等しく
義務であると考えた。それは西洋の意味での「広報活動」というより、む
しろ「私的」関係、つまり人的関係、またスピーチ、声明、ニュース発表な
どによって築いたわけではなく、政策決定位置に置かれる責任のある人
々の継続的な相互作用によって作られた関係と言ってよいである」①と渋
沢の役割を指摘した。

　近年、リンフィルド大学のジョン、セイガース（John H. Sagers）は*Origins
of Japanese Wealth and Power*：*Reconciling Confucianism and Ccapitalism*, 1830-
1885（『日本の富と力の起源：儒教と資本主義の調和』Palgrave Macmillan,
2006）において渋沢栄一を言及しなかったが、その延長線上で渋沢研究を
はじめ、*Pursuing Profit and Virtue in Meiji Japan*：*Shibusawa Eiichi's
Entrepreneurial Ethics*（「明治日本で利益と美徳への追求-渋沢栄一の企業家
としての倫理」、日本国際交流基金2007年日本研究受賞）；*First Profit and
Then Virtue*：*Shibusawa Eiichi's Entrepreneurial Motivation in Early Meiji Japan*
（「先ず利益次に美徳-明治初期に渋沢栄一の企業家としてのモチベーショ
ン」、AAS Annual Meeting, March 26-29, 2009）；*Bad for Business*：*Shibusawa
Eiichi and the Costs of Japanese Imperialism*, 1890-1910（「商売に悪い-渋沢栄

　①　*The Ecological Vision*：*Reflections on the American Condition* （『生態ビジョン：ア
メリカ条件についての考察』1993, p.403. "The third of the Japanese habits of effective
behavior also originated with the banker-entrepreneur-business philosopher Eiichi Shibuzawa,
in the closing years of the nineteenth century：Leaders of major groups, including business,
have a duty, so Shibuzawa taught, to understand the views, behavior, assumptions,
expectations, and values of all other major groups, and an equal duty to make their own
views, behavior, assumptions, expectations, and values in turn known and understood. This
is not "public relations" in the Western sense. It is, rather, very "private" relations—
relations between individuals；relations made not by speeches, pronouncements, press
releases, but by the continuous interaction of responsible men in policymaking positions.

一と日本の帝国主義のコスト」、ASCJ，June 26，2011）; *Shibusawa Eiichi's ideological entrepreneurship*（「渋沢栄一のイデオロギーの起業家精神」、A World Business History Congress，March 16，2014）などを、次々と学会で発表した。セイガース氏は以上の発表において、渋沢の実用主義から道徳的ナショナリズムへの転換を取り上げた。

（二）渋沢栄一の対外思想に関する研究

　これまで経済面も重視されてきた渋沢研究は、近年彼の経世済民思想、「義利」思想、福祉思想などについても研究されるようになった。しかし渋沢の対外思想や国際感覚に関する研究は少なく、トータルな研究も不足している。その中で、渋沢雅英『太平洋にかける橋-渋沢栄一の生涯-』（読売新聞社 1970）は渋沢栄一の子孫後裔による回想録体の著作として、比較的多用される直観的な認識と印象を提供しただけではなくて、渋沢栄一の対米認識及び対米国民外交に関する研究の先駆的論著でもある。この論著より渋沢栄一の対米交流や国民外交の道の開創などに関しての研究の土台を打ち立て、優れた研究成果が蓄積されている。例えば木村昌人『渋沢栄一—民間経済外交の創始者』（中公新書 1991）、是澤博昭『青い目の人形と近代日本—渋沢栄一と L、ギューリックの夢の行方』（世織書房 2010 年 10 月 10 日）などの著書があり、また『新版　国際交流史—近現代日本の広報文化外交と民間交流—』（松村正義、地人館 2002；初版 1996）のような一章において渋沢の対米交流や日米実業団を論及した著書がある。さらに論文では「日米民間経済外交：1905—1911」（木村昌人、『慶応通信』1989）、「渋沢栄一し国民外交-米国に於ける日本人移民排斥問題への対応を中心として-」（片桐庸夫、『渋沢研究』1990 年 3 月、創刊号）、「民間経済外交指導者としての渋沢栄一（1）」（木村昌人、『渋沢研究』1990、創刊号）、「青い目の人形交流-誕生の背景とその波紋」（是澤博昭、『渋沢研究』1992 年 10 月、第 5 号）、「渋沢栄一、国民外交の行方-日本における「世界児童親善会」への認識とその後の展開-」（是澤博昭、『渋沢

研究』1993年10月、第6号)、「渋沢栄一の「国民外交」：渡米実業団を中心に」(酒井一臣、13-28頁、『渋沢研究』2014年1月、第26号)などがりある。つまり、渋沢の対外認識と行動に関する研究は主に渡米実業団や移民問題などの対米親善活動に絞り込まれでいる。

　ほかに李廷江『日本財界と近代中国—辛亥革命を中心に』(中国社会科学出版社、1994年3月第1版；御茶の水書房より日本語版、2004年)は一章において、渋沢と孫文の交流を取り上げ、日中の間で最初に創立された日中合辦会社であった中日実業株式会社について論究した。三好信浩『渋沢栄一と日本商業教育発達史』(東京：風間書房2001)は渋沢の商業活動の国際関係を研究対象にし、渋沢の「イギリス観」、「アメリカ観」、「ドイツ観」について論じた。見城悌治『渋沢栄一：「道徳」と経済のあいだ』(日本経済評論社2008)は渋沢の朝鮮認識と中国認識を中心において、その対外思想と東アジア国際関係を取り上げた。また『渋沢栄一、パリ万博へ』(渋沢華子、国書刊行会1995)と『青年、渋沢栄一の欧州体験』(泉三郎、祥伝社2011)は、渋沢の初渡欧の経緯、体験した内容及び彼に与えた影響などの点を中心に論述された。

　今年に新刊された片桐庸夫『渋沢栄一の国民外交—民間交流のパイオニア—』(藤原書店2014)は渋沢の対米国民外交のみに注目したわけではなく、ほぼ全般的に渋沢の国民外交を考察し、とりわけ対米、対中、対朝の「国民的融和の推進と外交的諸問題の解決に尽力した」ことを取り上げ、実業家を核とする「国民外交」という民間交流の経過を詳細に分析した。同書は第一章において渋沢の「国際視角」つまり渋沢の対英、対露、対独、対米、対中、対韓姿勢をそれぞれ考察し、イギリスを「日本の模範とすべき理想のモデル」①であることや儒教倫理からの資本共通を提

---

① 片桐庸夫『渋沢栄一の国民外交—民間交流のパイオニア—』、藤原書店2014、27頁。

唱したことや、または中国と韓国に対する恩義と感謝の姿勢について説明した。

第二節　本書の構成

本書は渋沢栄一の西洋認識、国家観念と国際感覚の形成と特質、および彼の経済開発や国際交流活動が近代日本の対外関係に対してどのような影響を与えたのかについて分析するものである。

第一章「渋沢栄一の米英認識の由来」は、渋沢の米英認識の芽生えおよび日本の開国に対する彼の印象とその時代背景を考察した。武蔵国榛沢郡血洗島村(現在の埼玉県深谷市)の豪農の家に生まれた渋沢は、少年時代に「黒船来航」の衝撃を受け、また早野恵の『清英近世談』などを読むことで、欧米列強に対する最初の印象を持ち、日米の間に戦争が起こる可能性について憂慮した。その後、江戸の海保塾と千葉の道場で志士たちと接し、水戸学の「尊王攘夷」思想を受け入れて完全な攘夷論者になり、倒幕運動まで計画し実行しようとした。

第二章「幕臣としての欧州体験」は、徳川幕臣となったのちの欧州体験およびその対外観の転換を分析する。元治元年(1864年)に一橋家に出仕した渋沢は、慶応3年(1867年)にパリ万博に出席する徳川昭武を同伴してヨーロッパに一年六ヶ月余り滞在した。西洋先進国の在り方や近代資本主義経済の仕組みをつぶさに考察した渋沢は、その西洋認識の転換を成し遂げた。「攘夷」という排外的姿勢から「西洋を学ぶことを提唱」するようになったという大変化であった。

第三章「渋沢栄一の国家観念について」は、明治45年(1912年)に刊行された渋沢の談話集である『青淵百話』および講演記録を手かがりとし、彼の国家観念について検討した。渋沢は一貫してで「商業立国」と「実業立国」を提唱し、多数の企業の創設に関与した理由は、国家と社会の全体

利益を優先に考えたためであった。例えば明治6年(1873年)渋沢が退官後すぐに日本の最初の洋紙製紙工場であった抄紙会社(のちの王子製紙会社)の創設に投身したのは、「人文の進歩という文の字はどうしても印刷事業が盛にならなければいけない」①、そのためには印刷に必要な大量の洋紙を造ることが重要だという考えからであった。国内企業の設立もかかわらず、渋沢は対外経済活動においても彼の国家観念を働かせた。彼は国家と社会の問題を討論することが政治家や学者の特権ではなく、実業家もその討論に参加すべきであり、その資格と責任を持っていると強く主張した。

　第四章「経済合理主義の推進者——明治政府への影響を中心に」では、渋沢栄一の対外認識が明治政府にどのような影響を与えたのかについて論じた。「明治を耕した」と言われる渋沢は、大蔵省の官僚を務める時代(明治2年—6年、1869年—1873年)にも、大実業家として活躍した時代(明治6年—42年、1873年—1909年)にも、経済合理主義の推進者として明治政府に大きな影響を与えた。旧幕臣の中から前島密や杉浦譲のような優れた対外交渉人材を選抜したり、また政府の「軍事優先」路線に対して「富国優先」路線を主張したり、経済から外交までの幅広い分野で提言し、その影響力を発揮した。

　第五章「渋沢栄一と日米関係—米大統領との交流をめぐって」は、渋沢栄一と米大統領との交流の主要事例を取り上げ、渋沢の対米認識と交流活動の脈絡を捉えた。渋沢が対米民間外交の中で、米国実業界や社会一般へ働きかけると同時に、米国の政界中枢部へ効果的アピールすることをとくに重視した。その生涯に8人の米大統領と関わりをもち、その中で直接会見したのは5人あり、その5人の内、3人と深く友誼を結んだ。その結果、米国の政財界だけではなく、日本の政財界にも影響力を及ぼ

---

①　渋沢栄一述、長幸男校注『雨夜譚：渋沢栄一自伝』岩波書店 1984、253 頁。

した。

　第六章「渋沢栄一と日中関係—日中合辦会社を例として」では、渋沢の日中合辦会社をめぐる孫文との交流、および1914年(大正3年)の中国訪問時の演説などを通じて、渋沢の「経済提携」と「共同開発」という対外経済理念を検証した。さらにこの理念を実行する具体例としての中日実業株式会社の創立と運営の状況に即して、渋沢の考えがその予測通りに展開したか、それとも種々の制約を受けたかについて分析した。それによって、民間企業家としての渋沢が複雑な国際関係の中でどのように対外経済活動を展開したかについて考察した。

　第七章「渋沢栄一の対外姿勢—『論語と算盤』と『論語講義』を手がかりに」は、渋沢栄一の「帰一協会」との協働について考察し、また彼の対外姿勢はどのように「道徳経済合一説」に関連しているのかを解明した。日露戦争後、日本社会の不安定化問題を「国民道徳」教育の強化で解決しようとする運動がおこり、その中で道徳、宗教、諸思想の研究と相互理解①を目指した「帰一協会」という団体が結成され、会員には渋沢栄一、浮田和民、森村市左衛門、新渡戸稲造、井上哲次郎など財界、学界と宗教界との有力者が集まった。一方、渋沢は1916年に『論語と算盤』、1925年に『論語講義』を刊行し、儒教思想の啓蒙運動を展開した。そして、「対米民間外交」を実行する中で、「国際道徳」や「世界平和」についての思考や論議を深めた。

　第八章「渋沢栄一の国際感覚と対外交流」では、晩年の渋沢栄一の国際感覚がどのような進化を遂げ、また如何にして彼の対外交流活動に生かされたかについて論述した。1921年、八十一歳の渋沢はワシントン会議のオブザーバーとして第四回の渡米を実現し、会議で合意した海軍軍縮の実行やアジア、太平洋地域の新しい国際秩序の構築を期待した。しか

---

　①　『帰一協会叢書』第1巻。

し1924年に米国国会における「排日移民法」の通過によって、渋沢は非常に大きなショックを受けた。にもかかわらず、彼は太平洋問題調査会(IPR)への助成と参与に尽力し、最後まで日本対外交流の窓口として諸外国の来賓の接待などを務めつづけた。

※　本論は常用漢字を使用するが、引用部分において、史料本来の形を保つために旧漢字を使うこともある。

第Ⅰ部　渋沢栄一における西洋認識と国家観念の形成

第一章　渋沢栄一の米英認識の由来

　「日本近代資本主義の父」と呼ばれる渋沢栄一(1840—1931 年)は、江戸幕末から明治、大正、昭和初期にわたって、経済をはじめ政治、文化、社会福祉など幅広い分野において重要な役割を果たした人物である。渋沢は経済的視点から近代日本の経済外交、国民外交の開創と実践に挑み続けた。本章は、渋沢栄一の対外認識の芽生え及び日本の開国に対して彼がどのような印象を持っていたかを考察し、近代日本の代表的な人物における対外認識の発端あるいは当時の時代背景をさらに深く理解することを目的としている。

　渋沢栄一は天保 11 年 2 月 13 日(1840 年 3 月 16 日)に、武蔵国榛沢郡血洗島村①(現在の埼玉県深谷市)にある豪農の家に生まれた。渋沢は少年時代から家業の藍の製造と販売の仕事を手伝っていた。家業の関係で彼は商売の知識を身につけ、そのうえ藍の収集と販売のために各地へ赴いたことによって、開国前後の日本の様子を知ることができた。渋沢の対外認識はこうして形成され始めていったのである。

第一節　黒船来航の衝撃

　渋沢が初めて体験した日本の外交問題は、おそらく嘉永六年(1853 年)の「黒船来航」である。周知の通り、アメリカの海軍准将であるマシュー、

---

　①　渋沢青淵記念財団竜門社編『渋沢栄一伝記資料』第 1 巻、1 頁。

ペリー(Matthew Perry，1794-1858)は艦隊を率いて浦賀沖に現れ、近代化的なパワーで徳川幕府を脅かし、日本の開国を要求した。衰えていた幕末政府は翌年 1854 年にアメリカと最初の不平等条約である「日米和親条約(神奈川条約)」を結び、また英、露、蘭などの欧米列強とも相次いで和親条約が締結され、次々と日本の港が外国に開放された。

　当時の渋沢は数え歳で 14 歳の田舎少年であり、その年から家業を助け、「農耕、養蚕ノホカニ藍葉ノ買入、藍玉ノ製造及ビ販売ニ従事ス。又是年米使ペリーノ渡来ニ刺戟セラレ、栄一ノ胸中攘夷ノ念ヲ萌ス」①ということであった。「黒船来航」の情報、すなわち現在の新聞号外のような「評判記」②が、江戸より二十里離れている血洗島村にも伝わった時、渋沢は大きな衝撃を受けた。『青淵先生懐旧談』がこの衝撃について次のように記載している。

　　　丑年の浦賀一発の砲声は、真に容易ならざる響を我国に齎らしたのであつた。その噂が血洗島に伝はつた時は、耳許をグワンと打たれたやうに感じたのであるが、まだ十四歳の少年であり、農業見習の為めに自分と村の先覚者藍香の許へも遠ざかつてゐたので、それほどには感せずに毎日々々畑へのみ出てゐた…③

　ここからわかるように、少年時代の渋沢は、1853 年のペリー来航事件に対して一種のショックを受けた。しかし、その時彼はまだ田舎で「農業見習」として畑の仕事をしていたため、日常生活においてはあまり変化を感じていなかったようである。

　渋沢は小さい頃から父に就いて『大学』、『中庸』などの漢籍を読み、それから従兄弟の尾高惇忠④より儒学を学んで、『論語』をはじめ四書、五

---

　①　渋沢青淵記念財団竜門社編『渋沢栄一伝記資料』第 1 巻、49、92 頁。
　②　渋沢秀雄『明治を耕した話：父、渋沢栄一』東京：青蛙房、1977 年 9 月、24 頁。
　③　同注 49、96 頁。
　④　尾高惇忠(1830—1901)：号は藍香、日本の実業家。渋沢栄一はその妹であるちよと結婚し、従兄弟になった。

経を通読した。とりわけ十代頃からは『外史』、『十八史略』、『史記』、『漢書』など難しい歴史書が読めるようになり、歴史や軍事についても関心を持つようになった。

　渋沢の生まれた1840年は、清国とイギリスの間でアヘン戦争という歴史的な大事件が起こった年であった。東西文明間の衝突とも言えるこのアヘン戦争は清国の戦敗で幕を閉じ、また清国はイギリスとの間に南京条約を結んで開国させられた。この大事件は日本にも大きな影響を与えた。有識者を始め、日本のリーダーたちは西欧諸国が日本に迫ってきていることに強い危機意識を抱くようになった。「黒船来航」までの10年間に、日本では清英関係やアヘン戦争に関する著書が流行し、その中で、斎藤馨『鴉片始末』（1843年）、坂厚雄『阿片乱記』（1854年）、塩谷宕陰『阿芙蓉彙聞』（1847年）、早野恵『清英近世談』（1850年）などの書物が刊行された①。渋沢は「黒船来航」以後にちょうど『清英近世談』を読み、欧米に対する認識の起点となった。

　『清英近世談』前篇五巻（関西大学増田文庫所蔵の五巻合冊版を参照）は20枚ほどの画像と地図のイラストを付けた、アヘン戦争の経緯を詳細に再現した本である（図2、3参照）。図2はイギリス商人が林則徐の広州、虎門でアヘンを焚焼したことに抗議し、汽船を動かしてロンドンへ報告しにいく場面である。この事件はアヘン戦争の導火線になった。図2はチャールズ、エリオット（Charles Elliot、1801-1875）は軍艦で天津を急襲し、和議を要求しようとする場面である。アヘン戦争当時、イギリスは主に帆柱が3本立てであるフリゲート艦を主力軍艦とし、黒船のような武装汽船は数隻しか使用していなかった。『近世談』に描かれたイギリス軍と清国軍の戦いは非常に激しく、行間にイギリスに対する怒りがにじみ出ていた。渋沢は黒船が勢いで江戸湾に現れる光景を目撃こそしなかったが、『近世談』を読むうちにイギリスを代表とする欧州に対するイメージであろうことは考え得る。

---

①　梁紫蘇「試論『海国図志』対近代日本的影響」、松浦章編著『近代東亜海域文化交流史』博揚文化事業用限公司2012年8月、248頁。

図 1　蘇密多走蒸気船於本国之図①

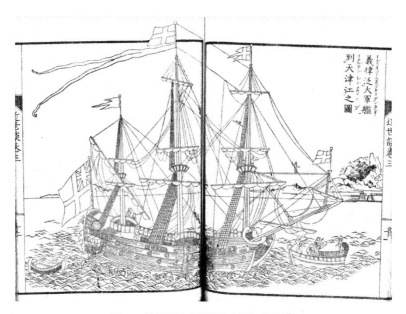

図 2　義律泛大軍艦到天津江之図②

① 　早野恵編『清英近世談』巻二、嘉永三年庚成春三月 (1850 年) 刊行、5-6 頁。
② 　同注 55、11-12 頁。

『近世談』の序言、「清英近世譚叙」には次のように書かれている。

　　孫子日知己知彼百戰百勝、知己不知彼、毎戰皆敗、信哉是言也。故明
　　王出師也、必先察我國之刑政與敵國之刑政、或料我將之材武與敵將
　　之才武。我之所長何事也、彼之所長何事也。我之火術如何、敵之火
　　術如何。虛實詳聞強弱相謀校量、既定而後接戰、是以四出攻略橫行
　　天下、前無堅陣後無強敵。其建大功也可數日而待焉。鴉片之亂清國
　　之將士皆非無勇也。其所患者知己不知彼。英夷之酋長皆非有勇也。
　　其所貴者知彼知己。何以言之英夷知清人之長於陸戰不與爭其鋒、挫
　　之以火術、苦之以水戰。清人及之。然則清國之所以敗、英夷之所以
　　勝、皆出於此乎。孫子兵家之標準也。從其言則勝、違其言則敗。清
　　人雖讀其書而忽其言，是以遂損國體、取笑於萬國不亦悲乎。嗚呼！
　　治國家者果無踏其輒則可也。①

　つまり、ここは『孫子の兵法』の名句である「彼を知り己れを知れば、百
戦して殆うからず。彼を知らずして己れを知れば、一勝一負す。彼を知
らず己れを知らざれば、戦うごとに必ず殆うし」を取りあげ、清国の敗戦
の理由を「英夷」について何も知らなかったことに帰している。当時日本
の知識人がアヘン戦争に関する記録、評論本を刊行したのは、日本が清
国のようになってはいけないという警鐘を鳴らすためであった。しかし
渋沢は『近世談』を読んだ時、既にペリーが黒船を率いて浦賀港に来たと
いう情報を聞いた後のことであったため、彼の第一の関心はもしアメリ
カと日本とが「戦争にでもなつたらどうしよう」②ということであった。
　事実、渋沢は昭和6年2月に『龍門雑誌』に掲載した「グラント将軍歓迎
の追憶」の一文において、「嘉永年間ペリーが我国に初めて来った当時、

　①　早野恵編『清英近世談』巻一、嘉永三年庚成春三月(1850年)刊行、1-2頁。
　②　同注49、165頁。

私は年少であったが、国の内外に喧しい「外夷打つべし」と云ふ強硬論に依って、西洋人は悉く我に仇を為すものであると思って居りました。彼の英国と清国との間に起った阿片戦争の有様を「清英近世談」と云ふ書物などで見て「成る程西洋人は無茶なものだ乱暴なものだ、それを敵とするに善し悪しを考へる余地などはない」とさへ思って居たので、米国も亦外国の一つとして同様に考へて居りました」①と『近世談』を読んだ影響を率直に語った。

　もう一点を挙げてみよう。渋沢は昭和6年(1931年)、亡くなる直前にハワイの実業家ウオルタ、デリンガム氏②一家と対談した際に、その息子が十四歳になると聞いて、自分が十四歳の時に感じたことを次のように述べた。

　　此英吉利の清国に対する仕方はどうも人道に背く仕方である、自分の利益の為に、理窟で勝つた人を力づくでいぢめたといふので、誠にわるい事をするものだ、外国といふはおしなべて悪い事をするものだ、かう云ふ風に一般に考へるに至りました。私は少年ながら亜米利加がどういふ仕向をするものかと恐がらない所ではない、色々と大人も申しますし、色々に心配したのであります。少年ながら我国を思ふ為であります。(中略)もしも日米戦争にでもなつたら、英吉利に清国が被つたやうな事があるならば、日本は殆んど人類でないやうな待遇を被らねばならぬと心配したのであります。(下略)③

すなわち欧州の国であるイギリスが清国に展開した非人道的な外交接触

---

　①　『渋沢栄一伝記資料』第25巻、529頁。
　②　ウォルター、デリンガム(Walter Francis Dillingham, 1875-1963)：ハワイ、ホノルル出身の実業家、ハワイの産業の男爵と称されている。彼はハワイの政治家たちに支持によって、ホノルル都市を発展させた。
　③　『渋沢栄一伝記資料』第1巻、166頁。

を知ることによって、アメリカもいずれ日本と戦争をするようになるかも
しれないと恐れたのである。まだ「外国」との直接の接触がなかった彼にと
って、欧米に対する最初の印象はあまりよいものではなかった。その上、
日米が戦争になるかもしれないと未来の事を心配するようになった。

第二節　外患に絡む内憂

　日本の開国前夜である黒船渡来事件の二ヶ月前に、渋沢は一度父親に
つれられて江戸見物に行ったことがあった。彼は花満開の春の江戸の町
に魅了され、この太平は長く続くものだと思っていた①。しかしその頃
の徳川幕府は参勤交代の制度など外見からは直ちに崩壊しなさそうに見
えたが、実際の政権内部はすでに腐敗していた。後日、日本が欧米列強
に強制されたように開国していくことに際し、渋沢は書生連の時論や人
々の話を聞き、幕府の政事が衰頽していたことを強く感じるようになっ
た②。

　もう一つ少年時代の渋沢に衝撃を与えたのは「御用金」事件である。安
政三年(1856年)、渋沢は17歳(数え年)、父の名代として「御用金」五百
両を岡部の村の代官、若森に献上し、ただ用金の趣を聞こうと一言申し
ただけで、その代官に貴様は「十七にもなって居るなら、モウ女郎でも買
うであろう」③とからかわれ、献上した五百両も大した金額ではないとご
まかされ、叱責された。確かに渋沢家は栄一の父、市郎右衛門の努力で、
「村の中では相応の財産家といわれるほどになって」④、家道繁昌になっ
て来たが、安政三年の渋沢家の藍玉の引き取りを記録する通帳、「紺屋兼

---

　①　『渋沢栄一伝記資料』第1巻、61。『竜門雑誌』第三〇一号第一六頁、大正二
年六月。

　②　同注47『雨夜譚』、30頁。

　③　同注47『雨夜譚』、26頁。

　④　同注47『雨夜譚』、25頁。

吉宛藍玉通」を参照して見ると、藍玉4個は「正ミ代金七両也」①であった。すなわち代官に調達した「御用金」の五百両は、藍玉を285個以上に相当する金額である。その年の春、江戸の白米の値段は1石(約180リットル)につき101両である②。つまり当時の500両は大家族の1年分の白米が買える相当の大金である。

　小野武雄著『江戸物価事典』によると、「御用金」とは江戸時代中葉から徳川幕府が国費の不足を補うため、御用達商人に対して半強制的に徴収する金銭である。集めた資金は本来、城の修繕や海防の費用につかわれるべきものだが、渋沢が遭遇した代官はそれを姫様の嫁入りや若殿様の乗り出しなどに濫費する悪役人であった。

　この事件をきっかけに渋沢は幕府の政事に不信感を抱くようになり、また幕府のヒエラルキー社会と政治社会制度への不満や懐疑が生まれ、反抗思想が成長し始めた。後日彼は当時の日本社会の状況を回想して次のように述べている。

　　その時分の徳川政治というものは、いわゆる世官世職といって、家柄が定って居るから、いくら器量があろうが才識があろうが新規にその地位に出る事は出来ぬ。その他の役々も皆それぞれにこの階級順序があって、農民などがドノように才智があって勉励したからといって、とうてい天下はおろか、一国一郡の政事にも与かり得られるような制度ではなかった。③

　この文章からは、渋沢が幕末期の社会システムに対して不満を抱いていたことが分かる。つまり農民出身の彼は、身分の関係でどれほど努力

　①　『渋沢栄一伝記資料』第1巻、49、113頁。
　②　小野武雄『江戸物価事典』展望社1979年、279頁。
　③　同注47『雨夜譚』、48頁。

しようとも、政治にかかわることは難しかったのである。これも渋沢が
後日「尊王攘夷論」の思想を受け入れるための伏線であった。

　安政3年の「御用金事件」から文久元年(1861年)までの五年間、渋沢は
家業一途に出精し、多忙な日々を送って、商業への才能も小さなハスが尖
ったつぼみの一端をのぞかせるように開花し始めた。藍の商売のため、
信州、上州、秩父の3ヵ所を巡回することが多かったが、開国以降の様子
を観察する好機を逃したくなかったため、彼は「時ニ従兄尾高新五郎、同
長七郎等ト同行シ、多ク詩文ヲ作ル。又江戸ニ遊ビテ詩文アリ。而シテ
家ニ在ル時ハ乃チ書ヲ読ミ、剣ヲ学ビ、志士トノ交遊漸ク広シ」①という
生活をしていたようである。つまり渋沢は開国前後の江戸へ出入りする
ことによって見聞を広め、志士との交友関係を築いた。そして彼は遊歴
の見聞をもとに次のような「感時憂世詩」を作り、世道に対する感懐を表
現した。

田家感慨

世末人趨利。姦富恣横行。不奪則不饜。豈遑顧忠誠。

果然蠢爾輩。喝声驚昏盲。尸位汝何者。漫成城下盟。

天権漸売却。鉄鎰争軽重。偸安又姑息。将掩天日明。

天日縦可掩。豈奪忠義暗。感窮情自切。事大志愈精。

可謂心事非。狂瞽任人評。嗚呼彼冥者。夷貢偏経営。

　　　不織又不耕。只有繰車鳴。②

　つまり世の中が混乱する際に、人々は各自の利益に傾くのみで、奸悪
な人や富める人が随意に横行する。奪うことに厭きられず、ことによる
と忠誠に顧みられるだろうか。果たして君たちが愚か者とも、その一喝

---

①　小野武雄『江戸物価事典』展望社 1979 年、49、192 頁。

②　同注 49、201-202 頁。(青淵存詩)

で愚昧的盲目的な者の目を覚まさせよう。なぜその地位を占める、「城下の盟」の果てになる。天皇の権力はますます売り出され、人々は金銭を争う。一時の安楽をむさぼり安逸に過ごし、太陽の光を覆い隠す。太陽の光が覆い隠されるが、ことによると忠義が奪えるだろうか。感情が尽くされるほど誠実で、事が大きければ大きいほど志が高く保たれる。世の紛乱に関心を持つというべき、己の愚は人の判断にまかせるのみ。ああ、愚かなる人よ、洋夷は貿易の経営に偏る。「機も織らなければ耕作もしないで、唯糸の繰車を鳴らして居るだけである」①。詩文の解釈から見ると、20代前半の渋沢はすでに国家の興廃にかかわる国事に高い関心を示していたことが分かる。攘夷論に没頭した彼は、その頃に「貿易は国を富ますといふことを」を知らず、「唯生糸を製して売るといふことは殆ど夷狄に貢を納めるやうな感じを持つて、此の如き詩を作つた」②のである。

　渋沢の頭の中では田舎の百姓として生きていくことに満足できず、家業を経営する中で、憂国の志士である従兄長七郎やその友人の書生らと交遊する機会を得ることができ、こうして「広く当世の志士に交遊して議論も聞きたく、または実際に当世の模様も見たい」③という志と覚悟を持つことができた。彼は当時に体験した思想風潮について次のように回顧している。

　　私共幕府が外国に対する政略は唯だ己れが怯懦なるために服従するのである、所謂城下の盟であると共頃流行した水戸風の学問から宋末の歴史な読みて秦檜は金と和した或は王倫孫近と云ふ者は皆な姦臣で是等は皆な国な誤る者であると云ふて胡澹庵の斬奸の表だとか

---

①　『渋沢栄一伝記資料』第45巻、110頁。『竜門雑誌』第275号(1911.04)23-31頁。1911(明治44)年2月11日(土)に、渋沢栄一は埼玉県学友会大会での演説でこの詩を朗読した。

②　『渋沢栄一伝記資料』第45巻、110頁。

③　同注47『雨夜譚』、31頁。

或は李綱の上書だとかさう云ふやうな書物を見て所謂慷慨悲歌の士で世の中を押廻はしたのであります、其頃には攘夷は必ず出来るものだと考へた…①

当時の幕府は外国に対して服従の態勢をとったため、憂国の志士たちの間で水戸学が不平等条約締結のころに盛んになっていった。ちょうどこのころ渋沢は水戸学の影響を受け、また中国の宋朝末期の秦檜が金との「乞和書」を起草しことや、王倫と孫近等の奸臣が宋朝を滅びの道に導いたことなどを描いた書物を見て、この中国の歴史物語と幕府の条約締結行為を重ねた有志たちの声に耳を傾け、攘夷の必然性を固く信じるようになった。

こうして、読書や交友を通じて幕府の外交問題について認識を得ることができた渋沢は、日本の情勢を把握するにつれて「尊王攘夷」の旨を固めていったのである。

さらに渋沢は学習の環境からも対外の認識を深めた。渋沢の生家に保存された筆写本の中に、攘夷論に関するものが二冊ある。それは大橋訥庵著『闢邪小言』②と尾高藍香著『交易論』③である。土屋喬雄氏は昭和11年（1936年）11月の『竜門雑誌』に発表された「青渕先生筆写攘夷論文献に就いて」の文章で、その二つの資料に関して詳しく述べている。本章では概要だけを述べる。『闢邪小言』は幕末の主流的な攘夷論で、朱子学の視点から「邪説」洋学に対して駁論したものである。『交易論』は経済生活の方面からの攘夷論であり、それを書いた渋沢の従兄弟である尾高藍香は、当時の水戸学の藤田東湖と会沢正志の論旨に傾倒し、感化されていた。「国は鎖さなければならず、夷狄は攘わなければならない。彼等のいう和

---

①　『渋沢栄一伝記資料』第45巻、49、164-165頁。『竜門雑誌』第204号、第819頁、明治三八年5月。

②　同注49、211頁。

③　同注49、212頁。経済生活の方面の攘夷論である。

親通商を許ずのは、城下の盟を結ぶことだ。そんな汚犀がまたとあろう
か。我が国に戦う力があってこそ、真の和親は結べる。それなくして結
ぶ和親は屈従にほかならない。(中略)開国を許した幕府は国賊」①と幕
府の開港行為を強く非難した。これらは一つの側面にすぎないが、渋沢
の育った環境から彼の対外認識の芽生えに密接に関係していたことを証
明している。

第三節　尊王攘夷論者になる

　ペリー来航以降、日本は開国することになったが、内政の混乱と外圧と
いう二つの刺激のもと、伝統である「尊王」と鎖国政策の原点である「攘
夷」が合流し、水戸学や吉田松陰などの思想家たちによって「尊王攘夷論」
が生み出され、且つ盛んになった。安政六年(1859 年)、開国以後の日本
は外国勢力の侵入に伴って物価が高騰し、国内の不満が上昇した。尊王
攘夷論の影響による抵抗運動は大衆化への方向に向かいつつあった。こ
のような社会的背景の中で、渋沢は水戸学の思想に強く共鳴し、「二十才
前後に及びては純然たる尊王攘夷論者」②となった。

　文久元年(1861 年)に、渋沢は父の許可を得て江戸に2ヶ月余りの間に
学問と剣術を兼修し、いわゆる水戸学の主旨である「文武両道」の通りに
進んでいた。彼は海保の塾と幕末の名剣客である千葉道三郎(1835—
1872)の門に入り、その「真の目的は決して文武両道の修業ではなく、天
下の形勢を知り、天下の志士と交はる為めだった」③のである。その結果
として、渋沢は完全な尊王攘夷者になり、「遂に一大変動を生ぜんと」す
る考えを生み出した。『渋沢栄一伝稿本』第三章「遊学」にこのことについ
て次のように書かれている。

---

　①　『渋沢栄一伝記資料』第 45 巻、51、25 頁。
　②　同注 49、223 頁。
　③　渋沢秀雄『攘夷論者の渡欧：父渋沢栄一』双雅房 1941 年、113 頁。

(栄一は)安政の初年以来、北は両毛の山河な踏破し、南は江府の名
家な歴訪して、文武の業を励みつつ徐に天下の形勢を探れり、而し
て其江戸に遊ぶや、海保漁村上総の人章之助に文学を、伊庭軍兵衛
幕臣秀業に武技を学びたりき、かくて其見聞する所を郷里に報告し、
又屡其朋友を伴ひ来りて慷慨談論し(中略)自ら商業以外の友人を生
じ又志士、文人等の来遊に接して聞見を広むるを得たれば、二十才
前後に及びては純然たる尊王撰夷論者となり…先生は尾高長七郎が
海保塾にあるをたよりて江戸に赴き、同じく漁村の門に学が、滞在
二箇月余にして郷に帰る、其間先生は講学の士と交を締びて、経史
を論じ詩文を応酬するなど、専ら文学の修養に身を委ねしが、天下
の形勢につきても注意を怠らざりき。①

　ここから分かるように、渋沢は江戸での遊学で求めたのは学問や剣術
の上達だけではなく、天下の有志と読書、撃剣に長けた人々と交友する
ことであった。
　もともと青年達は時代の思想潮流に敏感で、「国難を坐視する」ことが
できなかったのである。文久3年(1863年)、二年間で幾度も故郷と江戸
を往復し、遊学を経た渋沢は、ついに高崎城を乗っ取り、横浜異人館を襲
撃する攘夷計画を立てた。彼らが結社した維新組「天朝組」②は日本全国
に三百組以上存在した幕末維新新選組の一つである。首謀者は渋沢で、
従兄弟の喜作、尾高藍香(惇忠)、尾高長七郎などが主要なメンバーであ
った。挙兵の檄文を執筆したのは尾高藍香である。

神　託③

　一近日高天ヶ原より神兵天降り

---

① 　渋沢秀雄『攘夷論者の渡欧：父渋沢栄一』双雅房1941年、49、222頁。
② 　「幕末維新新選組、幕末諸隊総覧四」http://www.bakusin.com/syotair3.html。
③ 　同注49、244頁。

　　皇天子十年来憂慮し給ふ横浜箱館長崎三ヶ所ニ住居致ス外夷の畜生共
を不残踏殺し天下追〃彼の欺に落入石瓦同様の泥銀にて日用衣食の物を
買とられ自然困窮の至りニて畜生の手下に可相成苦難を御救被成候間神
国の大恩相辨ひ異人ハ全狐狸同様と心得征伐の御供可致もの也。
　　一此度の催促に聊ニ而も故障致候者ハ即チ異賊の味方致候筋に候
間無用捨斬捨可申候事
　　一此度供致候者ハ天地再興の大事を助成仕候義に候得は永く神兵
組と称し面〃其村里に附て恩賞被仰付
　　天朝御直の臣下と相成萬世の後迄も姓名輝き候間抜群の働可心懸事
　　一是迄異人と交易和親致候者ハ異人同様神罰可蒙儀ニ候得共早速
改心致軍前に拝伏し身命を抛御下知相待候ハ以寛大の神慈赦免可有
之候事
　　天地再興文久三年癸亥冬十一月吉辰(下略)

　この檄文から分かるように、渋沢一団は尾高藍香を中心として、異人
を討伐する覚悟を十分整えた。また外国人との接触は一切禁止され、「交
易和親」の行為をする者は外国人と同じ罪であることも明示されている。
渋沢は江戸に出て、海保塾に入ったばかりの頃、浅草の中店で初めて二人
の外国人の男性を見かけ、思わず彼らに刀を向けることになった。
　渋沢は今回の一揆に対し、すでに身を国に捧げて死ぬ決意までしてい
た。彼は海保、千葉両塾の有志の同志を69人集め、武器を準備して、
1863年11月23日に一揆を起こすことを決定した。この行動の目的は
「攘夷遂行と封建打破」①であった。その計画は「上州高崎城を夜襲して
之を攻陥し」てから「横浜の洋館を焼撃ちする」②という誰の目から見て
も明らかな暴挙であった。

<hr>

　　①　「幕末維新新選組、幕末諸隊総覧四」http://www.bakusin.com/syotair3.html。
49、232頁。
　　②　同注83。

　しかし渋沢は挙兵の準備を整えていたにもかかわらず、京都で「八月十八日の政変」(文久の政変、堺町門の変とも呼ばれる)が起ったために、倒幕派の中心は混乱することになる。その政変を目の当たりにした尾高長七郎は当時の状況を見抜き、「今は挙兵の時機にあらざる」①と外国人を見たら斬り殺すというような攘夷作戦は如何にも無謀であると渋沢を説得した。こうして計画は中止となり、栄一と喜作は共に京都へ出奔した。

おわりに

　渋沢栄一を日本の近代化を支えた典型的な人物として取り上げたのは、彼の出身あるいは体験したことが幕末において多くの有志者と共通している部分があるからである。攘夷論を受け入れた者たちは日本が開国の道へ進むに従い、欧米に対する認識を育み深め、その認識をさらに進展させていった結果として「攘夷」の思想潮流に傾いていった。なぜなら渋沢の場合、少年時代に「黒船来航」という西洋列強の衝撃を受け、また列強に関する書物を読むことで、イギリスを始めとした欧米各国に対する最初の印象を持ち、さらに日米の間に戦争が起こる可能性について心配した。続いて彼は家業を経営する中で日本の開国を体験し、郷里を出て江戸遊学することを求め、憂国の有志と接することと共に、国家の形勢を徐々に知ることができた。彼は有志たちの間で流行っていた水戸学の「尊王攘夷」思想の影響を受け、完全な攘夷論者になり、倒幕運動を計画し、実行しようとまでした。

　前述の通り、渋沢栄一の対外認識におけるインパクトと天下の情勢を知るという念願は常に一貫していた。そしてその認識はのちに彼が徳川慶喜の幕臣となり、維新後はまたは明治政府大蔵省の官僚となった時にも引き継がれていったのである。

---

①　「幕末維新新選組、幕末諸隊総覧四」http://www.bakusin.com/syotair3.html。49、262頁。

第二章　幕臣としての欧州体験

　19世紀半ばに欧米列強のアジア進出が強まるにつれてアジアも近代化の波に巻き込まれていった。渋沢栄一(1840—1931年)はこの時代の変化を受けて、徳川幕臣、明治政府官僚、実業家、慈善家、国民外交家など転身を続けた。これまでの渋沢研究において、彼の青年時代の渡欧が最も注目されてきた。個人伝記はもちろん、専門論著も含めて、渋沢の渡欧に関する論著は多く出版されてきた①。しかしこれまでの研究では渋沢の対外認識の形成、及び渋沢の渡欧前後の身分転換、すなわち徳川幕府の一幕臣から明治新政府の官僚への転換、またその転換が彼の対外認識にどのような影響を与えたのかについて詳しく追及しなかった。そこで、本章は渋沢が徳川幕臣として如何なる経緯で世界に対する認識を獲得

---

　①　渋沢栄一の渡欧に関する研究の中で、土屋喬雄『渋沢栄一伝』(改造社1931)/『渋沢栄一』(吉川弘文館1989)、幸田露伴『渋沢栄一伝』(渋沢青淵翁記念会1939)、渋沢秀雄『攘夷論者の渡欧：父、渋沢栄一』(双雅房1941)、白石喜太郎『渋沢栄一翁』(刀江書院1933)、渋沢華子『渋沢栄一、パリ万博へ』(国書刊行会1995)、山本七平『近代の創造：渋沢栄一の思想と行動』(PHP研究所1987)、木村昌人『渋沢栄一：民間経済外交の創始者』(中公新書1991)、阪本慎一『渋沢栄一の経世済民思想』(日本経済評論社2002)、見城悌治『渋沢栄一：「道徳」と経済のあいだ』(日本経済評論社2008)、周見『張謇と渋沢栄一：近代中日企業家の比較研究』(日本経済評論社2010)、泉三郎『青年、渋沢栄一の欧州体験』(祥伝社新書2011)などがよく知られている。これらの研究は渋沢の初渡欧の経緯、体験した内容及び彼に与えた影響などの点を中心にし、論述された。渋沢の欧州体験の重要さは先学の研究でいくたびも明らかにされている。

し、そして近代日本の対外交流にどのような影響を与えたのであろうかについて討論する。

　第一章に論じたように、渋沢少年時代に「黒船来航」という西洋列強からの衝撃を受け、また早野恵の『清英近世談』などの著作を通じて、イギリスを始めとする欧米に対して最初の印象を持ち、さらに日米戦争の可能性について憂慮した。渋沢は20代前後に家業を経営する中で日本の開国を体験し、郷里を出て江戸へ遊学することを求めた。彼は江戸の海保塾と千葉の道場で憂国の有志と接すると共に、国家の形勢を徐々に知った。このころ彼は水戸学の「尊王攘夷」思想を受け入れて、完全な攘夷論者になり、倒幕運動までも計画、実行しようとした。しかし攘夷計画は中止され、渋沢は倒幕運動の中心地であった京都へ出奔し、そこで浪人生活を始めた。また一橋家用人である平岡円四郎を尋ね、都の形勢を察しながら、一橋家に仕官した。これは渋沢の生涯に一つの大きな転換をあたえたと言われている。

第一節　渡欧前の覚悟と船中の体験

　一橋家に出仕することは、渋沢にとって実に一挙両得の上策であった。なぜなら一橋家の家臣という身分によって幕府の嫌疑から抜けることができ、また渋沢自身が述べたように「京都へ着したならば天下の英雄豪傑といわれる人が大勢集まって居て、しきりに天下の大勢に注目して居る」①ため、このような環境の中に身をおくことが可能になったからであった。しかしこのような行為は、幕府批判を念頭おいていた渋沢の考えとは矛盾した。その件について彼は『雨夜譚』の中で「やむことをえず一時の権宜を以て一橋家に仕官したが、それか禄故となってついに幕府の

---

① 　同注47『雨夜譚』、52頁。

禄を食むことになり、中心不愉加に堪えん…」①と記録している。後世に
は「この上もない不幸な場面に陥る」、「一つの不愉快なる事」などのよう
な発言もあった②。しかし、この選択はまさに渋沢の「天下の形勢を観
察」と「天下の有志と交友」という二つの追求の続きである。

　渋沢は江戸の海保塾に入ったばっかりの頃、浅草の中店で初めて二人
の外国人の男性を見かけ、思わず彼らに刀を向けることになった。この
遭遇に対し、彼は「…偶々浅草に遊んで異人を見る腰聞の宝刀躍り出でん
とほつす。思ひ起す子房の暴秦に椎するを」③と詩句を書いた。その頃た
だ「攘夷論」一筋だった渋沢は、数年後に徳川幕臣として「夷」の土地を踏
むことになるとは思いもよらなかったであろう。

　慶応3年1月11日(1867年2月15日)、渋沢は民部大輔徳川昭武のお
付き、勘定格陸軍付調役として、開国以来最も格式高い欧州使節団の一
員として横浜よりパリへ出航した。はじめが攘夷派であった渋沢は、じ
ょじょに攘夷ではいけないと考えるようになり、いわゆる中間派になっ
たことが、使節団メンバーに選ばれる一因になったようである④。この
頃の渋沢は3年若しくは5年間フランスに留学する心の準備をしていた。
当時の幕府の制度は「外国行の者は万一外国に於て死去の事あらんも測
られざれは見立養子」⑤を必要条件としたため、渋沢は家に相続者がない
ことを心配し、見立養子のことを手紙で勧めた。出発前に妻のお千代へ
の手紙の中で「上様御弟子様え御附添、フランス国え御つかへ被仰付、両
三年かの国えまへり」⑥という言葉の手紙を書き残し、また出発前の1月
9日にもう一枚の手紙を出して、尾高惇忠の弟である渋沢平九郎を養子

　①　同注47『雨夜譚』、172頁。
　②　見城悌治『渋沢栄一——「道徳」と経済のあいだ』日本経済評論社2008年、18
頁。
　③　同注49、224頁。(市河晴子筆記)
　④　同注49、439頁。(昔夢会筆記中巻、大正四年四月)。
　⑤　『渋沢栄一伝記資料』第2巻、5頁。
　⑥　同注49、444頁。

にするように指示した。こう見れば、当時徳川幕臣である栄一はそれなりの決意をして渡欧を遂げたのである。しかし翌年(1868年)に平九郎は幕末の志士として戦い、重傷を負って戦死した。

渋沢は航海の途上で洋食を味わいながら、フランス語の勉強をはじめるようになった。その頃の決心に彼は「これまで攘夷論を主張して外国はすべて夷狄禽獣であると軽蔑して居たが、この時には早く外国の言語を覚え外国の書物が読めるようにならなくちゃいけないと思つた」①と語った。

渋沢一行はフランスにつく前に、上海、香港、サイゴン、シンガポール、ゴール(セイロン島)、アデン、スエズ、カイロ、アレキサンドリア、メッシナ(シチリア島)の十箇所に立ち寄ったが、この途中の経験が彼に世界を地理的に把握させる一助けになった。それぞれの港町での停留は長ければ三日間、短ければ数時間だが、欧州列強国がインドや中国に到るまでの拡張航路を遡るように進んでいた。英米共同租界や仏租界などが設けられていた上海、英国に独占された香港、フランスの植民地であるサイゴン、英国の基地のような存在であるシンガポール、欧州列強のアジア拡張の拠点であるセイロン島のゴール、そして建設最中のスエズ運河を通過して地中海に到達した。こうして57日を経て遂に二月二十九日(4月3日)にフランスのマルセーユ港に到着し、一週間の休憩と荷物の整頓をし、汽車でリオンを経て三月七日(4月11日)にパリに到着した。

かつての攘夷論者は一橋家へ出仕し、徳川幕臣に一転したあと、渡欧の機会を得た。渋沢はこの体験を「雨夜譚会談話筆記」で次のように記録している。

私が汽車に初めて乗つたのは慶応三年渡仏の途中スエズから出てア

① 同注47『雨夜譚』、128頁。

レキサンドリヤで、地中海の船に乗り換へるまでゞあった。…次に
はマルセーユからパリへ汽車で行ったが私はつくづく其の便利なの
に感心して、国家はかかる交通機関を持たねば発展はしないと思ひ、
欧洲のかゝる物質文明の発達な羨ましんだ訳である。…其時私は日
本にも鉄道を敷設せねばならないとは考へたが何時日本に出来るか
とは想像しなかった。…故に私は交通機関たる、海の船舶、陸の鉄道
は是非必要であるから、日本へ帰ったらやりたいものだと思ふやう
になつた。①

　この文章から分かるように、渋沢はパリの土地を踏む以前からフラン
スの近代的な郵船、蒸気汽車などの交通手段を利用し、その便利さを知っ
て日本のインフラ整備と日本の開化の必要性を考え始めていた。

第二節　パリ万国博覧会と欧州巡歴

　1867 年のパリ万国博覧会(以下「万博」)は当年の4 月から11 月まで開
催された、約半年間にわたる盛大なイベントであった。使節団一行はち
ょうどその頃にパリに到着し、まずフランス皇帝ナポレオン三世との謁
見や宴会などの外交礼儀行事を行なった。
　渋沢は渡欧してまもなく服装や髪型から言葉や礼儀までの生活全般に
わたってフランス文化に自らを馴染ませるように日々努力した。第一に、
フランス語をまじめに学んだことが挙げられる。渋沢が務めた勘定格陸
軍付調役とは書記と会計を兼任する職であったが、閑散をもらった時に
簡単な日常会話ができるようになるため、1ヵ月ほどフランス語の教師を
雇って勉強をした。
　第二に、パリで庶民の生活を体験した。パリに到着してからわずか10

① 同注 49『雨夜譚』、478 頁。

日しか経っていなかったにもかかわらず、渋沢は借屋を探し、投宿先の豪華なホテルから安い借屋に引越しする準備を整えた。当時の租借契約書を分析すると、項目が詳細に記載されていたことが分かる。租借の条件や家賃の料金はともかく、「借し渡したる家屋を破り、又は壁な穿つことなすへからす…壁に針を打つへからす」①など細かく書かれている。またフランス語の会話力が向上したため、自力で買い物ができるようになった。

　第三に、武士の象徴である髷を切ったことが挙げられる。渋沢が旅中の何時丁髷を切ったのかという詳しい記録は文字資料に残っていないようであるが、彼がフランスで西洋風の短い髪をした顔写真や洋服をきちんと着て、礼帽を頭にかぶった写真から見ると、髷を切ったのはパリに到着してまもない時期のことと考えられる。また同行の通訳山内六三郎が書いた記録に、渋沢が4月13日(5月16日)に理髪道具を購入したことからも推測することができる。その他にも彼の孫娘であった渋沢華子の『渋沢栄一、パリ万博へ』に山内六三郎の4月12日(5月15日)の日記を引用し、つきのように書いている。

　　…「家小なれども内部美にして狭きを覚えず簡素なり(略)今日結髪師を雇ひて頭の掃除を為す。四フラン也」とあるから、このころ栄一もちよん髷を切っていたのだろうか。②

　つまり渋沢は貴族をもてなすゴージャスなホテルから普通のアパートに引っ越してまもなく西洋の髪型に変え、パリでの日常生活を始めたのである同年5月18日(6月20日)、29日(7月1日)、6月2日(7月3日)、21日(7月22日)、8月3日(8月31日)、全5回にわたって、渋沢は徳川

---

　①　同注49『雨夜譚』、505頁。「巴里に於て民部大興輔旅舎借入の証書」。
　②　渋沢華子『渋沢栄一、パリ万博へ』国書刊行会1995、64頁。

昭武に同伴し博覧会に赴いた①。近代工農業の展示を中心とする第2回
パリ万博は、一行に物品出品した世界各国の国状と国力を見せ、「東洋」
と「西洋」の異なる「風気俗尚」を直面させた。渋沢は8月2日（8月30日）
に尾高惇忠宛に出した書簡で西洋の開化文明への称賛を表し、外国の長
所に学ぶことが日本にとって有益であることを伝えた。

　　実ニ西洋の開化文明ハ承及候より弥増し驚入候事共而己、真ニ天下
　　の気運所詮人知の智り得る処ニ無之候…当春大坂表各国使節御逢引
　　続両都二港御開一件大御英断之処、何か其後諸藩くづくづいたし候
　　由、苦々敷事ニ御座候、当節御議論ハ如何御座候哉、愚見ハ所詮深く
　　外国え接し其所長をも相学ひ我稗益と為より有之間敷、是則天輝所
　　依来と被存候、先年とは反復之様ニ候得共、中々此際独立関鎖抔思
　　ひもよらぬ事と被存候、御高論伺度候。②

　このように渋沢は西洋の文明を賛嘆するだけではなく、開港は幕府の
「英断」であったと述べ、西洋の長所に学ぶことを主張した。そして8月
（9月）の初旬から、欧州5ヵ国へ巡歴に向かい、一行はスイス、オランダ、
ベルギー、もう一組はイタリア、イギリスに出掛けていった。この歴訪は
欧州各国に親睦を示すためであったが、5ヵ国の歴史遺跡の参観のほか、
工場、製造所を主として観覧することも重要な任務であった。11月（12
月）の下旬に再びパリに戻った時、民部公子は計画とおり修学課程に入
り、乗馬と語学の稽古を毎日繰り返した一方、渋沢はフランス語の勉強
のほかに日記記録の整理に没頭し、「いささかの余地もないほどに繁忙を
極めた」③。その時、すでに日本で起こった「大政奉還」の事件がフランス

　　①　渋沢華子『渋沢栄一、パリ万博へ』国書刊行会 1995、49、507 頁。
　　②　同注 49、528-529 頁。
　　③　同注 47『雨夜譚』、136 頁。

の新聞紙にも報道され、渋沢以外の使節団メンバーは虚説であろうと信じようとしなかった。渋沢は「かねて京都の有様はよほど困難の位地に至って居るから、早晩大政変があるに相違ない」①という以前からの考えがあったため、海外にいなからも国内の状況を常に心配していた。しかし翌年の正月2日(1月26日)に政変の報が日本から届き、一行の急速帰国が望まれたときに、渋沢は「このままに長く留学せられて、せめては一科の学芸にても卒業の上にて帰朝せられた方が御得策であろう」②と考えた。一つには外国で戦禍を避けて留学することが望ましいことであり、今一つには西欧の学問や技術などでの一芸を身につけ、帰国してからその人が国のために役に立てるという考えがあったからである。彼は日本からの送金を求め、同時に残った経費を節約する計画を立てた。しかし徳川昭武が水戸徳川家を相継する事になったため、一行は仕方なく中途で帰国し、渋沢の建言したフランス留学の願望は果たされなかった。

　使節団一行は9月の末(11月)にフランスから出発し、2ヶ月余りの旅程を経て、12月3日に横浜港に着いた。1年6ヶ月余りの欧州滞在は、渋沢の欧米に対する態度を一変させた。彼は明治3年(1870年)に執筆した「航西日記叙」に「西邦域邑之壯文物之盛以至炎海雪山汽船鐵路風俗景物出於意想之外目眩而舌吐者共成一夢境」③と書いている。つまり渋沢は渡欧中に体験した西洋各国の町並みや物資の繁栄した様子、近代的なインフラ設備である汽船汽車など、その全てが彼の想像をはるかに超えていたのである。

　渋沢が渡欧中に受けた衝撃について、見城悌治が『渋沢栄一――「道徳」と経済のあいだ』(日本経済評論社)の中で指摘しているように、渋沢はフランスに日本のような「官尊民卑の思想」がないこと、銀行家フロリヘラルドが金融に止まらず産業、流通にも詳しい経済人であったこと、

---

① 　同注47『雨夜譚』、137頁。
② 　同注47『雨夜譚』、138頁。
③ 　日本史籍協会編『渋沢栄一滞佛日記』東京大学出版会 1928、1頁。

そして「ベルギー国王レオボルド一世が鉄鋼の売込みを直々に行ったこと」①すなわちこの国王がビジネスに対する態度などとの三つのものを学んだ。確かにそれらは渋沢がヨーロッパで体得した様々な事柄の中の一部であったが、彼に最も鮮烈な印象を与えたのはやはり合本組織による商工業の発達及び「官尊民卑の打破」のこの二つである。もしも前者を後日渋沢が実業界に身を投じるきっかけと言えるならば、後者は彼が西洋国家の社会制度に刺激されたことの証拠といえるであろう。

　渋沢の対外認識の転換は郷里の実家にも迷惑をかけたことがあった。息子、渋沢秀雄氏がそのことについて下記のように書いたことがある。

　　どこでも郷党には思想的動脈硬化症の徒が多い。そのうへ血洗島には父を子供の時から眼の仇にしてゐた意地の悪い近親があった。父は何か難事に遭遇するたびにあの男にうしろ指をさされてどうなるものかと、自ら心を励ましたほどの相手だつた。(中略)この悪意の恩人は父の一橋仕官を聞いた時に、いくら偉さうな口を利いてもやはり命は惜しいものと見えるなどと罵り歩いた。そしてこんどは攘夷論者が夷狄禽獣に膝を屈したといひ觸らした。唯さへ心淋しい父の留守宅の女たちはこの雑言に身を切られるやうな思ひがした。ところへ父から散髪しに洋服姿の寫真などが届いた。この夷狄めく姿を、父の母も妻も妹も、消え入らんばかりに肩身狭く感じた。唯、藍香ばかりは郷に入つては郷に從ひ、異國の長を採つて我が國の糧としなければならない時代だと慰め且つ諭した。②

　渋沢は一橋家に出仕し、続いて徳川幕府の幕臣になった。それは渋沢

---

　　①　見城悌治『渋沢栄一――「道徳」と経済のあいだ』日本経済評論社 2008、22頁。
　　②　同注 79、174 頁。

家にとっては家名をあげる慶事のはずだったが、彼が渡欧し、「夷狄」の社会に応じようとし、また西洋の髪型や服装などを受け入れた。これらの行為は実に実家に恥をかかせたかよく分かるであろう。この出来事から見れば、1867年の日本は開国してから10年以上を立ったにもかかわらず、国の政事から人々の生活に至るまで、まだ量的にしか変化していなかったことが見て取れる。その中で以前の攘夷党同志であり且つ海外の経験のない尾高惇忠ですら「郷に入つては郷に従ひ、異國の長を採つて我が國の糧としなければならない時代だ」という認識を持つところから、知識人たちが次第に思想的転換を遂げ、翌年日本で明治維新という質的変化を予見するものであったと言えよう。これまでは渋沢の渡欧体験において、「銀行」や「合本主義」などの経済的システムを見聞したことに重点が置かれてきたが、渋沢をその枠組み内で捉えるだけでは不十分であると思われる。すなわち渋沢は渡欧体験によって、欧米列強国と初対面し、彼の対外認識を形成する土台になった。

第三節　帰国後の進路選択

　渋沢が欧州から帰国する時、日本は既に徳川幕府から明治政府への政権交代が終わり、旧幕臣たちも前朝の遺臣として身分が一変した。渋沢は幕府が終焉を迎えたことを知っても、実際に戻ってから改めてこの事実に身をもって感じた。『雨夜譚』には彼の沈んだ気持ちを次のように書かれている。

　　偖て日本へ着してみると、暫時でも幕府の人となつて、海外旅行の留守中に主家が顚覆した次第であるから、江戸が東京となつたばりでなく、百事の変革は誠に意外で、幕臣は恰も喪家の狗の如く、横浜に着した時にも、其取締の官吏から種々身分を尋問せられ、見るも聞くもの、不愉快の媒ならざるはなしといふ有様でありました（中

略)其処で我が一身はと反省してみると、海外万里の国々は巡回した
といふものゝ、何一つ学び得たこともなく、空く目的を失うて帰国
したまでの事であるし、又同姓の喜作は箱館に住つで死生の程もは
かられず、其他の親友も多くは死去、又は離散の姿で、実に有爲転変
の世の中であると、嘆息の外はなかった①

　つまりこれまで海外に滞在した渋沢は、幕府が顛末されたでも、幕臣
のままで徳川昭武に仕えた。彼は日本に帰った時点でから初めて遺臣と
して扱かされ、また明治維新の戦いに参加した昔の同志であり親戚であ
った喜作や養子の平九郎などの訃報を聞いて、一時的には渡欧のことを
虚しく思った。
　当時の遺臣は残された「家臣団」として幕府から三つの選択肢を与えら
れた。第一は明治新政府に出仕する；第二は農業、商売をする；第三は
「無禄覚悟で新領地静岡に移住する」②。無論旧幕臣の大半は第三の道を
選択する傾向で、渋沢も例外ではなかった。彼は「今から箱館へいって脱
走の兵に加わる望みもなければ、また新政府に媚びを呈して仕官の途を
求める意念もありません、せめてはこれから駿河へ移住して、前将軍家
が御隠棲の側らにて生涯を送ろう」③という考えがあった。渋沢は静岡藩
に行き中老である大久保一翁に使節団渡欧の状況を報告し、続いて旧主
である徳川慶喜と面会し、慶喜の意思で静岡藩士となり、慶喜に一生仕
える決心をつけた。渋沢はこの行動を取ったのは、彼が倒幕の活動家の
反対側である幕臣の道を選んだゆえ、最後は「亡国の臣」というはめにな
ったことは自分の誤算だと思い込み、世の成行きをあきらめたというマ
イナス思考をした。
　しかし、無禄のままで生活することは困難であり、遺臣の中で帰農、帰

---

① 『渋沢栄一伝記資料』第2巻、4-5頁、「雨夜譚」。
② 安藤優一郎『幕臣たちの明治維新』講談社現代新書2008年、17頁。
③ 同注47『雨夜譚』、152頁。

商者も多く出てきた。そこで渋沢が考えたのは静岡に農商いずれの仕事に従事することであった。その前、彼は俸禄をもらえる戡定組頭という静岡藩の職位に任命されたことがあったが、それを辞退した。その理由は三つある。まずは渋沢の「中老とか勘定頭とか御役名は立派でも、世間の有様が見えぬも困ったものだ」①という昔からの「天下の形勢を観察」する追求が重要な働きをした。次に彼は藩庁から俸禄をもらうことを拒め、「既に世は皇政更始となったから、この藩制とてもまた永久不易とは期することは出来ぬ」②という現状認識を持っていた。さらに彼は官途以外の事業を立ち上げ、国家のために尽くしたいという考えがあった。そのことについて、渋沢は次のように回顧している。

　　自分は智慧も無ければ学問も無い色々の変化に遭遇して最早政治界に立つべき念慮も無い、さればと云うて家へ帰つて百姓をするのも残念である、それ以外に何か国の為めに尽すことが出来さうなものではないかと云ふ所から、今の欧羅巴の有様、官たり民たるに依つて尊卑優劣などは置かぬ、各人其の能力知識に依つて共職分を尽す、此風習を日本に移すことに努力して見たいと私は其時に深く覚悟したのです。③

　つまり帰国後の渋沢は身分転換や親友死去の知らせなどのショックで一時的に落ち込んでいたが、渡欧で会得した知識をそのまま埋もれることが惜しくなった。イギリスより広がった産業革命によってヨーロッパ諸国は「官民平等」と各々が力を尽くし且つ各々が職を尽くすという平等、自由な社会に発展し続いている。渋沢はヨーロッパ諸国を見て、このような社会を日本に導入することを考えた。彼の西洋を導入する着眼点

① 　同注47『雨夜譚』、158頁。
② 　同注47『雨夜譚』、161頁。
③ 　同注49、605頁。

は渡米渡欧を経験した福沢諭吉のような思想家や伊藤博文のような政治家と異なって、「共力合本法」①すなわち彼が生涯わたって主張した「合本主義」を採用する商業、経済システムにあった。そこで渋沢は静岡藩の全権の役人であった平岡丹波の支持を受け、明治2年(1869年)1月に日本最初の株式会社である「商法会所」を設立した。この点に関して渋沢はまさに商業実践家とも言える。

おわりに

　慶応2年(1866年)一橋慶喜は徳川将軍となり、渋沢栄一も幕臣となった。そして慶応3年(1867年)に徳川慶喜の名代の徳川昭武に従って渡欧し、パリ万国博覧会に参加したり、一年以上に渡って欧州に滞在したりした経験は、渋沢の世界認識に大きな影響を与えた。渋沢の本格的な対外認識はこの時期に形成及び転換を遂げた。「攘夷」という排外的な観点から「西洋を学ぶことを提唱」するようになるという大変化であった。帰国した渋沢は、明治新政府に経済的才能を重視され、彼を民部省(大蔵省)の要職に任命した。渡欧体験によって西洋を学ぶことを提唱し始めていた渋沢は、大蔵省の官僚として近代経済システムを日本に導入することに努めた。「明治を耕した」と言われる渋沢栄一は、大蔵省の官僚を務める時代、すなわち明治2年から明治6年(1869—1873年)まで、また彼が大蔵省を辞めて実業家になった時代、すなわち明治6年から明治42年(1873—1909年)まで、明治政府に大きな影響を与え、とりわけ明治政府の経済、外交活動の方面で重要な役割を果たした。それらの内容の関しては、第四章に詳細に論述する。

---

　①　同注47『雨夜譚』、163頁。

第三章　渋沢栄一の国家観念について

　渋沢栄一は生涯に渡って「商業立国」と「実業立国」を提唱し続けた。彼が多数の企業の創設に参与した理由は、ほとんど国家社会の全体利益を前提としていた。例えば明治6年(1873年)渋沢が退官後すぐに日本の最初の洋紙製紙工場であった抄紙会社(のちの王子製紙会社)の創設に投身したのは、「人文の進歩という文の字はどうしても印刷事業が盛にならなければいけない」①、そのためには印刷に必要な大量の洋紙を造ることが重要だという考えからであった。国内企業の設立だけではなく、渋沢は対外経済活動においても彼の国家観念が働いた。例えば1900年に2度目の韓国視察をした時、また大正3年(1914年)に3度目の訪中を行った際に、彼は現地の日本の企業家に対して、目先の利益だけをむさぼって、全体的公益を軽視し国家観念を忘れてはいけないと何度も勧告した。ゆえに、国家観念は渋沢栄一の思想の中で根強かったことが確定できる。にもかかわらず、彼は国家社会の問題を討論することが政治家や学者の特権ではなく、実業家もその討論に参加すべきであり、その資格と責任を持っていると強く主張した②。

　これまでの研究では、渋沢栄一の企業家、経営家としてのイメージについて繰り返して言及された。しかし渋沢は多くの講演や談話において

---

① 　同注47『雨夜譚』、253頁。
② 　渋沢栄一『渋沢百訓論語、人生、経営』角川学芸出版 2010年10月、37頁。

何度も国家観念を語ってあり、それに対して注目する必要もあるはずである。本章は明治45年(1912年)に刊行された渋沢の談話集である『青淵百話』を手かかりとし、彼の「国家観念」について検討する。

第一節　『青淵百話』から見た渋沢の国家観念

　『青淵百話』は渋沢栄一の談話の100項目を井口正之が筆記、編纂をし、渋沢が校正を行って、明治45年(1912年)6月に東京同文館から発行した談話集である。同書は乾、坤2冊で計1052頁があり、渋沢の人生観、処世論また経営に対する態度などについて述べた。同談話集は第88話から第100話までが渋沢の談話筆記「雨夜譚」を元に修正増補したもので、渋沢が明治27年(1894年)から同45年(1912年)まで語り続けた談話を収録した。談話の一部分は既に雑誌等に掲載されたが、初版が刊行から10年経た1923年(大正12年)には、縮刷版が刊行された。復刻版は国書刊行会から1986年(昭61年)に渋沢青淵記念財団竜門社の解説付で刊行された。また2010年10月に角川学芸出版より『青淵百話』を底本として、57話の経営と処世術などビジネス関係の談話を『渋沢百訓論語、人生、経営』に収録し、出版された。つまり同書は渋沢の思想の精華を抽出した一書といえる。

　このように渋沢の経営論や処世観を溢れた談話集には、明治45年の初版で収録された第三話「国家」、第四話「社会」、第十二話「忠君愛国」、第三十三話「事業家と国家的観念」、第三十五話「国家的観念の権化カーネギー氏」において、渋沢の国家観と国家観念について明白的かつ集中的に体現している。

　まずは「国家」という概念について、渋沢は以下のように述べる。

　　一族の集合が一家となり、一家の集団が一村落となり、一村落が一郡となり一国となる。しかして一国の政治組織を備えたものが国家と

成るのであるから、国家というとも、その始めは一私人から起こる。もしこれに政治上の意味を加えずに、一家、一村、一国というように次第に拡大された団体として考えてみれば、この国体はやがて社会と名称を付すべきものであろう。換言すれば、国家は社会を統一して支配するためにつくられたる一機関で、政権上から仮に左様いう名称を付したものといえる。さらに一歩進んで考えると、社会は人間の集合団体というような傾きがあるに反し、国家は土地も、人民も、政治も合してそこに一団を組織しておるもので、社会よりも一層複雑なものであるように考えられる。①

　渋沢はこのように国家に対する定義が学術的かどうかはともかく、彼の国家観念の形成は少年時代から習った漢学知識までさかのぼれる。つまり彼が「七ツ八ツから藍香先生は学問の師匠として国家観念を吹き込んで下された」②という。大正7年(1918年)6月の『竜門雑誌』に登載された渋沢の談話「実験論語処世談」③において、渋沢は「日本国民の間に国家観念の熾烈になったこと」を「漢学の普及」にまとめていたように、彼の国家観念の原点はやはり孔子の「忠君愛国」思想にあった。さらに渋沢は官僚時代すなわち家臣、幕臣としての4年間(1864—1868年)、及び明治官僚としての4年間(1869—1873年)において、彼の対外認識の形成と転換に並行して国家認識も成長した。いわゆる世界観と国家観の協調的円熟の時期であった。渋沢は家訓において昔武士階層のように「忠君愛国」を加えたのは、国民としての基本だという考えからであった④。それは彼が主張する愛国心ともつながっている。それについて渋沢は「個人の

①　渋沢栄一『渋沢百訓論語、人生、経営』角川学芸出版2010年10月、114、39-40頁。
②　『渋沢栄一伝記資料』第57巻、113頁。
③　『渋沢栄一伝記資料』別巻7、258頁
④　渋沢栄一述、井口正之編『青淵百話』乾坤二巻、同文館1912年、92頁。

共同団体たる社会あり、社会あって然る後に又国家あり(中略)社会の一員、国家の一民たる以上、何人も一国一郷に対し我がものであるとの覚悟を持たねばならぬことゝ思ふ」①と述べている。さらに渋沢の公益思想すなわち「奉公」という概念の拡大化につながり、それは「愛国忠君の結果」である。

　国家という理念は、従来カントやヘーゲルなどのドイツ古典哲学者たちが課題として討論したものである。それらの哲学思想については明治中期から学校の講義を通じて初めて日本に紹介された。例えば綱島栄一郎講述『西洋倫理学史』(東京専門学校出版)、三宅雄二郎著『近世哲学史』(哲学館第十二学年度高等宗教学科講義録)、井上哲次郎(巽軒)有賀長雄著『西洋哲学講義』(東京：阪上半七、1885年)などである。また同期には訳本『哲学史講義』(ヘーゲル著、岡田隆平訳、鐵塔書院)、『歴史研究法』(ヘーゲル著、渋江保訳、博文館 1894)なども刊行された。しかし、それらの著書には国家理論についてはほとんど紹介されなかった。とりわけヘーゲルの国家観を代表する『法の哲学』あるいは『法哲学綱要』の訳本は1931に至まで正式には刊行されなかった。このため、渋沢は明治中後期においてヘーゲルの国家理論に触れる機会がほとんどなかったと考えられる。当然、ヘーゲルの「国家は人倫的理念の実現性である…国家の目的は、普遍的利益それ自体であり、そして、特殊的利益をそれの実体であるこの普遍的な利益のなかで維持することである」②という哲学的な定義を知るよしもなかった。とはいえ当時の渋沢が国家に関する学説に接触することがなかったとは限らない。

　のちに帰一協会の発起人、幹事になった法学博士浮田和民は、明治34年(1901年)に2冊の国家哲学の名著を解説し、東京専門学校出版部より『ウィロービー氏国家哲学』と『ボサンケー氏国家哲学』として刊行した。

---

①　渋沢栄一述、井口正之編『青淵百話』乾坤二巻、同文館 1912 年、118。

②　G.w. Hegel. *Grundlinien der Philosophie des Rechts*. pp.257，270.

浮田はイースチンの『法理学講義』やヘーゲルの『法理哲学』ではなく、当時の英米両国の国家理論に関する新著である米人ウィロービー氏の『国家本性論』①と英人ボサンケー氏の『国家哲学』②を選んで紹介し、また両書について順に解説した。渋沢はその2冊の論著を読んだかどうかははっきりしないが、少なくともそれに対する概念化的印象を持っていたはずである。なぜならウィロービー氏の国家哲学の定義において、「国家と政府の区別」と「民族と人民の区別」、さらに「国家の抽象的観念と其の実験的概念」の区別を解釈していたが、渋沢は『青淵百話』の第三話「国家」において、国家と国民の関係ないし互いの義務と責任について述べ、孔子の言葉「その位に処らずんばその事を謀らず」③(子曰、不在其位不謀其政)と関連させて、一国民として国家問題を心配する義務があることを主張し、さらに為政者と国民の責任について彼なりの見解を説いた。渋沢はこの時点で「国家」、「国民」、「社会」、「責任義務」などそれぞれ近代的、哲学的な名称に対して、概念的な印象持っていたことがわかる。しかし、渋沢の「国家」に対する捉え方は、西洋哲学の影響があったと言うよりも、むしろ儒学の「天下国家」との関連がずっと深かったと考えられる。彼はこの観点について後に出版された『論語と算盤』と『論語講義』に「一国を組織する基礎は一家にあり」④、「一家は一国の一分子なり」⑤と重ねて言及した。なお儒教嫌いの福沢諭吉の国家観、すなわち「立国は私なり、公に非ざるなり」⑥と比較してみれば、両者の大きな異なるところが明確である。福沢が重視した「国家の相対化」⑦と渋沢が提唱した「国家

---

① Westel Woodbury Willoughby (1867-1945). *An Examination of the Nature of the State: A Study in Political Philosophy* (1896).

② Bernard Bosanquet (1848-1923). *The Philosophical Theory of the State* (1899).

③ 同注114。

④ 渋沢栄一述、尾高維孝録『論語講義』二松学舎大学出版社編集、明徳出版社、昭和50年10月、388頁。

⑤ 同注124、753頁。

⑥ 福沢諭吉『明治十年丁丑公論、瘠我慢の説』時事新報社1901年、1頁。

⑦ 坂本多加雄「福沢諭吉の国家観念をめぐって」、『三田評論』1031、2001年1月1日、32頁。

観念の強化」は異なる立場からの国家に対する見解であり、別々のバイアスがかかったものであった。

　次に「社会」について、渋沢は以下のように語る。

　　　国家と社会とは形式上の相違のみで、その内容はほとんど同一義である、ただ政治上の形体が国家と称するものは、組織的につくられたまでで、それより全然政治的組織を除却すれば、国家と社会との差別はないものとなる、直言すれ多数人民が相交じるというのが社会で、社会と国家とは政治以外に大差ないのであるとの意を述べた。しかし一つは国家という形体を有し、一つは社会といいう名称を負える以上、国家は国家としてその特質を具え、社会は社会としてまた別に特質が無くてはならぬはすである。①

　ここからわかるように、渋沢は国家と社会のホモプラシーについて認識し、両者の区別は政治的であるかどうかにあると考えていた。明らかに彼がここで使う「社会」は哲学、政治学的である。英語 society の訳語としての「社会」は明治初期に福地源一郎より翻訳され、また井上哲次郎の『哲学字彙』にも哲学の言葉として収録されている②。渋沢は society としての社会に接触したのはこの時期以降であることが推測できる。

　渋沢は愛国者の社会責任について「もっぱら社会に仁義道徳の観念を鼓吹し、為政者と被治者とを論ぜず、社会の上下をして一斉に真摯敦厚の気風に引き直すようにすることが緊要である」③と述べ、また社会問題と国家問題の連鎖について、「社会の風をして真摯敦厚ならしむることができるならば、国家もまた自ら理想的の国家に立ち至るは、火を観るよ

---

①　坂本多加雄「福沢諭吉の国家観念をめぐって」、『三田評論』1031、114、『渋沢百訓論語、人生、経営』、43-44 頁。

②　井上哲次郎『哲学字彙』東京大学 1881 年、85 頁。

③　同注 114、47 頁。

りも明らかなる事実である」①と語っていた。

　第三に、国家的観念と事業の関係について、渋沢は明治初期に事業の成功者はほどんと「国家の利益のために奔走したものであった」②と明治初期の企業家の国家観念を高く評価し、新時代になっても全ての事業者は国家観念をもつべきと主張した。また国家や社会に対する認識の重要性を強調し、「事業経営のごとき、経営者の眼中に国家もなく社会もないようでは、その事業は到底永久的生命を保ち得るものではあるまい。ただただ目前の利益にのみ眩惑せられ、その国家社会とともに発展し行くことを度外視するならば、事業の基礎堅実にして永久的の生命あることは、望み得べからざるところである」③、「私利を営むためとのみなって、国家社会とその利益が牴触するようなものがあるとすれば、それは事業としての性質に欠くるのみか、決して永久的生命あるものでは無い」④と断言した。

　さらに渋沢が国家的事業に対して厳格的な規範を決めている。つまり「国家的事業である、社会的事業であると、その効能を並べ立つるまでもなく、すべて国家社会の利益とならぬものは何一あるべきはずが無い」⑤、「国家社会と通有的関係ある事業のほかは、その称呼を許されないのである」⑥。例えば、交通、通信、金融など直接に国家と関係する事業は国家的であるが、米屋や車夫などの私益営業は政府の補助に依頼できない。それは彼が青年期に国家の財政中枢である大蔵省でさまざまな事業者と付き合った経験から得た結論であるが、実業界に投身してからは事業間の創意なき模倣や無謀な競争あるいは悪性競争などに対して国

---

① 　井上哲次郎『哲学字彙』東京大学 1881 年、114、49 頁。
② 　同注 114、161 頁。
③ 　同注 132。
④ 　同注 114、164 頁。
⑤ 　同注 114、163 頁。
⑥ 　同注 134。

家と社会の利益を忘れ去る行為であると述べた。

　しかし「事業そのものには別に国家的事業とか、国益的産業とかいうように取り立てて数うべきものはない。あるとすれば事業のすべてが、みなそれである。かくのごとく事業に差別が無いとすれば、これが国家のためになり、社会の利益となるようにするのは、事業そのものよりも、むしろこれを運為する「人物」の如何にある」①と渋沢は最後で説いた。つまり、彼は事業が国家的かどうかによる類別よりも、実業家の行動や規準に自重的かつ自覚的に国家観念を注ぐべきであると主張する。

　第四に、渋沢は『青淵百話』において当時アメリカの鋼鉄王カーネギー氏の国家的観念を賞賛し、日本の実業家はカーネギーのように国家また公益のために尽くすべきと提唱した。カーネギー（Andrew Carnegie 1835-1919）はアメリカの実業家でありながら、慈善活動家としてもよく知られている。明治24年（1891年）に彼の著書『最近五十年間米国繁昌記』②、明治35年（1902年）に『実業之帝国』③、明治36年（1903年）に『富の福音』④、明治38年（1905年）に『実業の鍵』⑤、明治41年（1908年）『国際平和論』⑥が相次いで日本に紹介され、彼の生涯業績、すなわち実業界において鉄材供給事業の独立経営で「鋼鉄王国」を建設したこと、また慈善事業において図書館の建設や世界平和、教育、科学研究などに多額の寄付したことが日本にも広く知られた。渋沢は1902年に渡米した時にカーネ

①　井上哲次郎『哲学字彙』東京大学1881年、114、167頁。
②　アンドリュウ、カーネギー著、高橋光威訳『最近五十年間米国繁昌記』博文館、明治24年。
③　アンドリュウ、カーネギー著、吉田佐吉共、柴原亀二訳『実業之帝国』博文館1902；小池靖一訳、実業之日本社1903。
④　アンドリュウ、カーネギー著、伊藤重治郎訳『富の福音』実業之日本社1903。
⑤　アンドリュウ、カーネギー著、伊藤重次郎訳『実業の鍵』実業之日本社、明治38年10月。
⑥　アンドリュウ、カーネギー著、都筑馨六訳『大日本平和協会』明治41年7月。

ギーと直接会ったことがなかったが、彼の鋼鉄工場を見学し、「工場の広大さ、設備の完全さにもかかわらず、事務所の小ささと事務員の若さに驚いた」①と報告に記録し、まだその見聞を『実業之帝国』の序文にも書かれている。渋沢はその序文でカーネギーの「志操剛毅なるに感服せずんばあらず…世の青年子弟能く此書を読み、躬行実践して苟も得る所あらば、庶幾くは小にして身を立て業を興し、大にしては国を利し世を益し、其功其徳又将に量るべからざるものあらむとす」②と述べた。

　カーネギーは「其の財産其の富を得たといふものは、己が世に立って尽すべき責任を尽した結果で、事業経営に全力を注いだのは、一に天帝の使命によるかの如く考へ、其の使命に基いて蓄積し得たる其の富は、如何に使用すれば国家社会の為にならうか…心を以て貯へた金こそ真に国家社会の公益となるのである」③と、つまり渋沢はカーネギーの富に対す観念も彼の「純乎たる国家的観念」④に繋がっていると考え、以下のように述べた。

　　『自分が若しあれ位の金持になれば、慈善事業公共事業に惜まず金を出すが今の金持は云々』とは、よく世間の金の無い人の云ふ言である。然るに金持は亦『五千万圓の財産がなければ六千万圓に仕度い。六千万圓になれば七千万圓に仕度いと思ふが人情の常だ。兎角放慢のことは金の無い人だから云へるのである』と冷笑する。所がカーネギー氏はそんな蝸牛角頭の争よりは超然たるもので、根底から富は自分の力のみで出来るものではないと信じて居る。それ故孜々として蓄積した幾億の金を、如何にせば世の為に価値ある費消が出来

――――――――――

　　①　三好信浩『渋沢栄一と日本商業教育発達史』東京：風間書房 2001 年 10 月、68 頁。
　　②　『竜門雑誌』第 175 号、1902 年 12 月、33-34 頁。
　　③　同注 118、263-264 頁。
　　④　同注 118、266 頁。

ようかと苦心したのであらう。①

　ここから、渋沢はカーネギーの著書を通じてその人を知り、カーネギーが国家、社会によって作った富を国家、社会に返すべきだという「高潔の心事」を高く評価したことが分かる。渋沢はカーネギーの言動に自分の教育や慈善事業に投身する心事や常に国家利益を考える企業家精神などとの共鳴を感じたように、カーネギーの偉大さを称賛しながら、日本実業界の現状を反省した。

　渋沢はこの談話集において、プラトンやアリストテレスの古代ギリシアの哲学家のように、日本という国家の理想的な形を描こうとする心境がわかる。その具体的な描写は彼が提唱する「経済道徳合一」論であろうとも言える。無論、彼はこの心境よりも常に国家や社会に対する憂慮と関心が、自身の教養だけを高めることを主張する従来石門心学の梅岩のような商人と異なる所である。「商業立国」といい「実業立国」といい、根本的には国家を如何にするという渋沢自身の国作りと国家観念に大きく関係している。

第二節　他の談話や講演から見た渋沢の国家観念

　周知のとおり渋沢栄一は能弁家であり、生涯に多くの談話や講演を行っていた。『青淵百話』に収録した談話以外に、いくつの談話や講演などにも渋沢の「国家観念」を表している。まずは、渋沢が明治 34 年(1901年)1 月と 3 月に竜門社の月次会に出席して、ケンペル著「日本鎖国論」、グリーヒース著「皇国」、米国公使タウンセンド、ハルリスの日記に対して、彼自身の近世史観について演説を行った。渋沢はその講演で国家観念の模範として織田信長を取り上げた。織田信長は戦国乱世の中で「国

---

① 『竜門雑誌』第 175 号、1902 年 12 月、146。

の統一に着目して、所謂国家観念の強かつた人」①であつたと考え、また
信長死後に徳川家康も「国家統一の観念に富んで居つた」②と述べた点を
取り上げた。渋沢は大正7年(1918年)2月の「実験論語処世談」において
その観点を再び強調した。彼は「信長に国家観念のあつた事は(足利)義
昭の非曲を諌むるために上つた17箇条封事の第一に「国家の治道何とし
てか永く、人道は何としてか古に立ちかヘリ、朴には成り候ふべしと、昼
夜嘆き可思召候、他意おはしまさば果して不可有冥加事」とあるによつて
之を知り得られる」③と詳しく説明し、豊臣秀吉が征夷大将軍となり、天
下を一統することから、「信長にも増して国家観念強く、皇室を国家の中
心として尊崇し、朝廷に代つて国家を統治しようと思ひ、勤王の志厚ぐ
朝廷に対しては能く勤めたものである」④と豊臣秀吉の国家観念を高く評
価した。

　渋沢は自分の旧主、徳川慶喜について「国家観念」による評価があつた。
大正4年(1915年)5月16日に渋沢は東照宮三百年祭執行の際に講演を
行い、慶応3年(1867年)10月14日に徳川慶喜が行つた大政奉還に対し
て、「徳川幕府は滅亡したけれども、国家に対しては大功徳である、所謂
大義親な減するの覚悟がなけれぱ出来ぬ事であります、斯く考察します
ると、慶喜公の当日の御英断と云ふものは、大偉人の功徳と申上げて決
して差支なから、つと思ふのでございます」⑤と評価した。

　「国家観念」に優れた同時代の日本人を渋沢はもう一人を挙げた。その
人物は日清戦争が起こつた時に渋沢に軍事公債を募集することを説得し、
共に報国会を発起した福沢諭吉であつた。渋沢は以下のように語つた。

　①　『竜門雑誌』第163号、31-32頁、明治34年12月。『渋沢栄一伝記資料』第26
巻、291頁。
　②　同注148、292頁。
　③　『渋沢栄一伝記資料』別巻7、227頁。
　④　『渋沢栄一伝記資料』別巻7、228頁。
　⑤　『渋沢栄一伝記資料』別巻41、610頁。

福沢先生は戦争は此日本の国運の由つて以て分るるところ所謂危急
存亡の秋であるから、国民挙つて出征軍隊の後援をしなければなら
ぬと考へられ…此度の戦争は国家の存亡、国運の消長の分るる所で
ある、国民として是非此戦には勝たせにやアならぬ、勝たせるには
挙国一敷の力を以て飽迄後援をしなけれぱならぬ。①

（中略）

福沢先生といふ方は、国家観念の熾烈なる人格者である、決して学
究的の御人ではないと深く敬服して、其人となりを徹底的に理解し
た。先生も亦、渋沢は唯銭儲けをして金持になることだけを目的と
してゐるものでない、兎に角に公共的商売人の一人であると、理解
して下さつたと感じた。②

　つまり渋沢は福沢諭吉の日清戦争に対する積極的な行動を、国家観念
から考え、また渋沢自身が国家、公益のために実業を行ったことを、国家
観念が強かったためであると考え、共鳴した。さらに、近代的製革、製靴
業の先駆者であった西村勝三（1837—1907年）に対して、渋沢はかつて
「西村翁はいつも国益を優先し、自己の利害を顧みず、百難を排して日本
の工業を創始した」と絶賛し、また『西村勝三翁伝』（1921年）の序文に
「君資性温厚にして情誼に深ぐ且つ事を為すには必す国家観念に立脚し
て自己の利害に重きを置かす、世人か躊躇逡巡せる間に於て本邦空前の
事業を創め、能く万難を排して遂に成功を贏得たり」③と語った。
　つぎに、渋沢は実業界に対して国家観念を重視するよう勧告した。例
えば日清戦争の翌年、明治28年（1895年）10月13日に渋沢は東邦協会臨
時総会で「戦後の海運拡張の方針及程度」を題した演説を行った。渋沢は

---

①　『渋沢栄一伝記資料』第28巻、443頁。
②　『渋沢栄一伝記資料』第28巻、445頁。
③　『渋沢栄一伝記資料』第48巻、168頁。

この演説で海運の重要性を説き、海運の発展が国家の富強と繋がり、「平日に其商売をして十分に発達せしめ工業をして盛んならしむると云ふのみならず、非常の場合にも国家を捍衛する力のある」①、航路開拓が商売的考えのみではなく「国と云ふ観念から」行うべきである、「是非此の巡洋艦二艘を海軍省で造りて、平時には他に貸与して斯う云ふ航路に供して商業交通の発達を謀り、戦時には軍国の用に供するのが一番国家に取って大利益であらう」②と主張した。結びにおいて彼は「国家と云ふ観念は郵船会社も十分自分の頭に担うて居る。郵船会社の現在の役員も株主一同も共に国家観念に厚いと云ふことは十分御認めを願ひたいと思ふ」③と要求した。渋沢は国内企業の設立もかかわらず、対外経済活動においても彼の国家観念を働きさせた。例えば1900年に2回目で韓国に視察する時、彼は在韓日本実業家に対して「在外商業者ノ行為ニ付注意スベキ要点三項ヲ述フ、(国家観念ヲ忘却スヘカラサル事(眼前ノ小利ニ拘泥シテ全体ノ公益ヲ後ニスヘカラサル事)協同一致ノ行動ヲ勉ムヘキ事)」④と勧告した。また大正3年(1914年)に3回目の訪中の際に、彼は現地の日本の企業家に対して、目先の利益だけをむさぼって、全体的公益を軽視し国家観念を持つべきことを強く呼びかけた。

　第三に、渋沢は欧米各国の国家観念について評価を与えた。例えば渋沢は大正6年(1917年)10月20日に宮城県会議事堂に行った講演は、青年期の渡欧にフランスで観察し得た「四民平等の実情」とフランス人の国家観念について以下のように回顧した。

　　仏蘭西人が国家観念の自覚のあつたことで、何事にも国家の利益を根柢として考へて居ることでありました。之を日本に於ける当時の

---

① 『渋沢栄一伝記資料』別巻5、8頁。
② 『渋沢栄一伝記資料』別巻5、12頁
③ 『渋沢栄一伝記資料』別巻5、13頁。
④ 『渋沢栄一伝記資料』別巻1「日記」、165頁。

　　実状に比較しますと、日本の階級的武断政治に対しては町人百姓は
　　唯止むを得ず盲従すると云ふに過ぎませぬ。一定の年貢を代官に納
　　めれば夫れでよろしいと云ふ風で、国家観念とか国民自覚とかは到
　　底望むことは出来なかつたのであります。然るに仏蘭西では四民平
　　等でありますから、国家は即ち国民各自の国家であると云ふ自覚の
　　下に国民挙げて国家本位の努力を致しますから、文明も進歩し、国
　　家も隆昌となるのであります。①

　つまり渋沢は青年期から欧米諸国の国家観念に対するイメージをつ
け、近代国家のあるべき形ないし国家の概念について見当をつけたので
ある。同じくヨーロッパの国であるドイツに対しては、渋沢が大正6年
（1917年）5月6日に竜門社春総集会に文学博士、中島力造の報告「独逸人
の国家観念」を聴取した後、第一次世界大戦の勃発したのはドイツの国家
観念という「悪観念・悪精神が原因を成した」②と述べ、ドイツの行為を
中国古代史上の暴秦と同列に論じた。中島博士は「独逸人の国家観念は
国家至上主義なりと説き、其源を百年前のヘーゲルに発せし当時は単に
国防主義より割出されたる国家至上主義に過ぎざりしも、其後次第に侵
略主義に変じ、今日の軍国主義となりたりとし」③、ベルリン大学教授ト
ライチュケの「国家至上主義」の論説の誤謬を指摘し、「国家の権力者たる
と同時に個人にも相当の人格と権利あり、また国際間にも天道あり」④、
それを無視する国家至上主義は間違っていると主張した。渋沢はその観
点に賛同し、「独帝及ツライチケ氏等の侵略主義者は、常に力を此点に竭
したに相違ない」⑤、ドイツの国家権利主義、国家至上主義は国際道徳を

　①　『渋沢栄一伝記資料』別巻5、221-223頁。
　②　『渋沢栄一伝記資料』第42巻、617頁。
　③　同注161、622頁。
　④　同注162。
　⑤　同注161、619頁。

無視したと述べた。

　アメリカにおいて前述したように、カーネギーの国家観念に感銘した
にも関わらず、渋沢はセオドア、ルーズベルト氏、タフト氏、ハリマン
氏、ジェームスヒル氏などのアメリカの政商界要人に対して国家観念か
らの捉え方もあった。例えばアメリカの第 26 代大統領であったルーズベ
ルトに「自己の欲することは毫も忌憚するところなく成し遂げずんば止
まぬといふ大決心を抱持し、極めて雄大に、其の全力を其の事柄に傾注
し、渾身これ国家的観念の凝結であるやうに思はれた」①と高く評価し
た。

　それから中国において古代史だけではなく、渋沢は大正 3 年(1914 年)
の訪中での現地見聞を通じて中国の現状を知った。彼は帰国直後に新聞
雑誌のインタビューを受けて以下のように述べた。

　　　要するに中国にては一般の文化猶甚だ低く、農工業頗る幼稚にして
　　官民の間柄も我国とは実に雲泥の差異あり。概して云へば各人の個
　　性はよく発達せるが如きも、国家観念に至つては甚だ貧弱なるが如
　　し。殊に積年弊政の結果、富む者は愈々富み、貧者益々乏しきを加
　　へ、一人の富を致すが為には、万人貧に陥るの弊なしとせず。吾等
　　は如此貧富の隔絶甚しきを見るに付けても、人のふり見て我ふり直
　　す所あらざる可らず②
　　　以て考ふるに、第一中流社会の絶無なる事、第二国民に国家観念の
　　頗る欠乏せる事の二大事実に依り、尨大なる中国の前途果して如何
　　なるべきかは、予の窃かに憂惧禁ずる能はざりし所なり③

　この二つの引用文はほぼ同じことを説いている。つまり渋沢は同時代

---

　①　『渋沢栄一伝記資料』第 42 巻、118、258 頁。
　②　『渋沢栄一伝記資料』第 32 巻、596 頁。
　③　同注 166、597 頁。

の中国に対してその国家観念が欠けている点に驚き、甚だしく失望して
いると言ってよい。

　よって日本の国家観念は如何なる状態であろうか。渋沢は常に日本人
の国家観念は強いと強調した。明治27年(1894年)9月に渋沢は「竜門社
員に望む」と題した講演で「全体日本人と云ふものは、英語のハドリウト
―愛国心が余程強い、又団結の力も万更ないではない、併し国家的観念
と云ふものは日本人の思想では唯た政事上に於てのみあると申しても宜
い有様である」①と述べ、商売人がもし堂々と国家的観念を語れるならば
日本が真なる商業国になれると主張した。大正5年(1916年)11月11日
に渋沢は阪谷芳郎の欧州戦争視察談に対し、「元来日本人の常として、忠
君愛国、若くは武士道は我国民性の特有である、欧米の国民は個人的思
想の発達から、利己主義が多い、これに反して、吾々は国家観念が強い、
それが即ち日本魂だと云ひ居るのでありますが、段々英仏其他の国々の
実状を承つて見ると、忠君は兎も角も、愛国といふに至つては、日本ばか
りの専売とは言ひ得ぬやうに思ふ」②と意見を述べた。また日本人がヨー
ロッパ諸国のような近代化による欲望の膨張を抑えるためには、道徳経
済の一致を図るべきことを主張した。

おわりに

　渋沢栄一は常に「性来国家観念が強い」③と自認していたが、後世の人
々は彼を国家の公益者と称賛している。渋沢が逝去後に多くの政商文界
の人から追悼され、彼が「常に国家のため国民啓発のため」に力を尽くし
たと高く評価した。昭和7年(1932年)2月の『国際知識』に登載された新
渡戸稲造著の「渋沢翁と国際平和」、渋沢は「或は慈善のことに、或は教育

---

①　『渋沢栄一伝記資料』第26巻、167頁。
②　同注161、563-564頁。
③　『渋沢栄一伝記資料』第50巻、180頁。

に、或は経済に、実業に、皆さん御聴きになつた通りである。然るにどの方面で御活動になつても日本と云ふ国家全体の考へに亘らなかつたことはない。教育に、或は実業に、労働問題に、日本の国と云ふ此自覚、国家観念、日本と云ふ認識が非常に強かつた…労資協調の事業に付いても又経済上の円満を計ると云ふばかりではない、国の名誉、進んでは国の存在、斯う云ふことを始終心に思はれて居つたから、あの大事業も今日の成功を見ることになつた」①と賞賛した。渋沢は『論語』を商売の「バイブル」として常に持ち歩き、常に自分が起こした事業が「国家に必要であつて、また道理に合するようにして行きたい」②と考えている愛国主義者にすぎなかった。彼には「国家観念の発揚と国際正義」と題する講演もあり、また福沢諭吉の国家観念、すなわち「書物を著わしても、それを多数の者が読むようなものでなくては効能が薄い、著者は常に目己のことよりも国家社会を利するという観念をもって筆を執らなければならぬ」③に共鳴したこともよく講演で説いた。

---

①　『渋沢栄一伝記資料』第 57 巻、815-816 頁。
②　『論語と算盤』国書刊行会 1975 年、180 頁。
③　『渋沢栄一伝記資料』第 57 巻、815-816 頁。

第Ⅱ部　政策提言と対米・対中民間
　　　　外交に現れた国際感覚

第四章　経済合理主義の推進者—明治政府への影響を中心に

　十九世紀半ばに欧米列強のアジア進出が強まるにつれてアジアも近代化の波に巻き込まれていった。渋沢栄一はこの時代の変化を受けて、徳川幕臣、明治政府官僚、実業家、慈善家、国民外交家など転身を続けた。「明治を耕した」と言われる渋沢栄一は、大蔵省の官僚を務める時代、すなわち明治2年から明治6年(1869—1873年)まで、また彼が大蔵省を辞めて実業家になった時代、すなわち明治6年から明治42年(1873—1909年)まで、明治政府に大きな影響を与え、とりわけ経済合理主義の推進者として、明治政府の経済・外交活動の方面で重要な役割を果たした。

　渋沢栄一は少年時代に「黒船来航」という西洋列強からの衝撃を受け、また早野恵の『清英近世談』などの著作を通じて、イギリスを始めとする欧米に対する最初の印象を持ち、さらに日米の間に戦争が起こる可能性について心配した。彼は20代前後に家業を経営する中で日本の開国を体験し、郷里を出て江戸遊学することを求めた。渋沢は江戸の海保塾と千葉の道場で憂国の有志と接することと共に、国家の形勢を徐々に知った。このころ彼は水戸学の「尊王攘夷」思想を受け入れて、完全な攘夷論者になり、倒幕運動までも計画、実行しようとした。しかし攘夷計画は中止され、渋沢は倒幕運動の中心地である京都へ出奔した。幕府の嫌疑から抜けるため、元治元年(1864年)に農民出身の渋沢は一橋家に出仕した。

それは渋沢の生涯に一つ大きな転換をあたえたと言われている。慶応2年(1866年)、徳川慶喜の征夷大将軍就任とともに渋沢は幕臣となった。その後彼は日本の開国以来最も格式高い遣欧使節団の一員として横浜からパリへ出航し、ヨーロッパに一年6ヶ月余滞在した。渋沢の本格的な対外認識はこの時期に形成及び転換を遂げた。「攘夷」という排外的な観点から「西洋を学ぶことを提唱」するようになるという大変化であった。渋沢が帰国したとき、日本はすでに徳川幕府から明治政府への政権交代が終わっていた。新政府は渋沢の経済的才能を重視し、彼を民部省(大蔵省)の要職に任命した。渡欧体験によって西洋を学ぶことを提唱し始めていた渋沢は、大蔵省の官僚として近代経済システムを日本に導入することに努めた。

　本章は、渋沢栄一の対外認識が明治政府にどのような影響を与えたのかを明らかにしたい。

第一節　明治官僚としての人材登用建議

　渋沢栄一が明治政府に出仕した期間、すなわち明治2年10月から明治6年5月(1869—1873年)までの3年余の間は、最初民部省租税正(民部省改正掛掛長を兼ねる)となり、明治3年(1870年)に大蔵少丞に、明治4年(1871年)に大蔵大丞に①、大阪出張を経て、明治5年8月(1872年)に大蔵大丞(大蔵少輔事務取扱)として帰任し、当時の大蔵卿である大久保利通並びに大蔵大輔井上馨を協力した。それまで渋沢は一橋の家臣となって以降、徳川幕臣として渡欧期間を含め四五年の仕官経験を積んでいたが、幕府の遺臣となってからは、静岡を試験場として日本最初の合本組織である「商法会所」を設立した。その事業が成功したことによって、彼の

①　『渋沢栄一伝記資料』第2巻、266頁。(土屋喬雄「租税正及改正掛長としての青渕先生の事業の概観」、『竜門雑誌』昭和13年6月、第597号、2-14頁)。

「商才」の評判が高まり、新政府を作り出した明治政府の首脳たちにも名前が知られるまでになった。渋沢は大蔵省に出頭を命じられたとき、「大蔵省には一人の知友もない、またその職務とても少しも実験のない事だから、どうしてよいかさらに様子が分らない」①という理由で一度断ろうとしたが、大蔵大輔である大隈重信に懇切に説諭させ、日本の経済の整頓と発展のために尽力しようと決意した。こうして渋沢の対外認識、つまり彼の欧州滞在の経験によってしだいに転換させられた欧米先進国の経済システムを日本に導入する志向は、明治政府に対し大きな影響を与えるようになったのである。

（一）　明治政府への対外交渉人材の推薦

1. 民部省改正掛の人材選抜

　明治初期は日本国内に山積みにされた多くのことが見直された重要な草創期にあたる。大隈重信から国家を創立する要素はまず「第一に理財なり法律なり・軍務なり、教育なり」と聞いて、渋沢は欧米の経済システムを導入する前に新政府の制度を整頓しなければならないと考えた。そして明治2年11月（1869年）、渋沢が民部省に出仕早々、大隈大輔に旧制を改革する「新局」の設立を建言した。彼の建言により民部省内は改正掛が新設され、彼も租税正としてそこの掛長を兼任し、日本が近代国家になるために早急に処理しなければならない問題を解決しようとした。「大蔵書沿革志」によって、渋沢は改正掛の成立から明治4年7月民部省・大蔵書租税司が廃止されるまで、「百六十件の事業」②を統轄していたことが分かる。それは主として租税制度・土地制度の改革及び殖産興業等に関する事業であった。しかし渋沢が新局を立ち上がる時の人材の

---

① 　同注47『雨夜譚』、168頁。
② 　同注174。

推選を見れば、彼の対外認識からの考慮が反映されていることが分かる。

　　明治三年の春となったが、この改正掛の任務を完くしようとするに
　　は局中に有為の人才を要するとて、さらに大隈に申請して静岡の藩
　　士中から、前島密、赤松則良、杉浦愛蔵、塩田三郎などいう人々を前
　　後引続いて改正掛へ登庸になりましたが、その他にも文筆を能する
　　もの、技芸に長ずるもの、洋書の読める人などもそれぞれ推選して
　　一局の人員が都合十二、三人になって、その内には各自に得意の説も
　　あり執務も自から取って来て、すこぶる愉快を覚えました。①

　ここで名前が挙げられた改正掛の新人四名が明治政府に入る前の経歴
を分析すれば、渋沢の人材戦略はよりよく理解できるであろう。まず前
島密(1835—1911 年)は越後国頸城郡下池部村(現在の新潟県上越市大字
下池部)に豪農・上野助右衛門の二男として生まれ、十代の頃に郷里で江
戸の大儒安積艮斎の弟子である石典太の私塾に入り、弘化 4 年(1847 年)
に江戸に出て蘭学を修めた。そのころに彼は「英語は米国の国語となれ
るのみならず、広く亜細亜の要地に通用せり。且英国は貿易は勿論、海
軍も盛大にして文武百芸諸国に冠たり、和蘭の如きは萎靡不振、学ぶに
足りるものなしと、専ら英語を学ぱんと決心」②した。文久元年(1861
年)に露国軍艦対馬に上陸した事件にあたり、前島は幕府外国奉行組頭向
山栄五郎に随従し、同島に赴いた。慶応元年(1865 年)彼は薩摩藩の聘に
応じ、鹿児島開成学校で英語の講師となり、翌年に幕臣前島家の養子と
なって、家督を継ぎ、「漢字御廃止之議」を徳川慶喜に提出したこともあ
った一逸材である。彼も後日には日本の近代郵便制度の創設者の一人と
して、1 円切手の肖像でもよく知られている。

---

　①　同注 47『雨夜譚』、175 頁。
　②　前島密著、前島勘一郎編『前島密自叙傳：鴻爪痕』前島密伝記刊行会 1956 年
3 月、18 頁。

　赤松則良（1841年─1920年）は、幕府の十五番組御徒士・吉沢雄之進の次男として江戸深川に生まれ、後に祖父、赤松良則の氏を継ぎ、幼い頃から「山田甚之丞・中山彦太郎・篠木金太郎などといふ人々を師と仰いで読書・習字と共に撃剣を」①学んだ。ペリー来航以降、彼の父は職の関係でアメリカ人と接触することが多くてた、そこで彼は「外国との交際には、洋語殊に英語を知らねばならぬと痛感したのであった」②。万延元年（1860年）に赤松は日米修好通商条約批准書交換の使節団に随行し、咸臨丸で渡米して、翌年に幕府よりアメリカ留学生として選任されたが、南北戦争勃発のためオランダに変更した。ところが慶応3年（1868年）の大政奉還によって渋沢と同じように留学を中止し、翌年に帰国した。

　杉浦譲（通称愛蔵、1835─1877年）は、甲府勤番士の家に生まれ、幕臣の子弟として11歳の時から甲府勤番子弟の学問所である徽典館に入り、19歳でそこの助教授となった。まだ若かったにもかかわらず、彼は幕府に強兵策の参考案を諮問され、その返答が「幕府の登用政策の一つともみられる」③ことであった。杉浦は幕末に二度も渡欧している。一回目は文久3年（1864年）に幕府の外交使節の一員としてフランスに派遣され、二回目は慶応3年（1867年）に渋沢と一緒にパリ万国博覧会考察団の一員としてフランスに渡り、「西洋の近代的諸制度の吸収に努めた」④。翌年の1月に彼は渋沢より先に帰国し、主に外交官として活躍した。

　塩田三郎（1843─1889年）は幕末の医師であった塩田順庵の三男として江戸に生まれ、函館奉行栗本鋤雲から漢学、メルメ・カション⑤から英仏

---

　①　赤松則良述、赤松範一編注『赤松則良半生談：幕末オランダ留学の記録』平凡社1977年、5頁。
　②　同注179、6頁。
　③　杉浦譲『杉浦譲全集』第1巻、杉浦譲全集刊行会1978年、7頁。
　④　同注181、「刊行のことば」。
　⑤　メルメ・カション（Eugène-Emmanuel Mermet-Cachon、1828─1889年）は、幕末に来日したフランス人の神父。日本語に堪能で、レオン、ロッシュの通訳を務めた。

両語を学んだ。文久 3 年(1863 年)に彼は幕府の通弁御用となり、遣仏横浜鎖港談判使節団に随行した。2 年後、再び英仏に渡り、また元治 2 年(1865 年)に幕府が横浜仏語伝習所を設立したときには、校長カションの助手を務めた。明治政府に出仕する前に彼はすでに外国奉行支配組頭になっていた。出仕後、塩田は外務少丞・外務大丞・外務大書記官・外務少輔①などの職位を経て、井上馨外務卿の条約改正交渉を補佐し、正しく明治政府の外交大将の一員となった人物である。

　略歴を見て分かるように、彼らの共通点はいずれも渋沢と年が同じぐらいで、また欧米に学ぼうという対外認識と知識を持つ幕府の旧幕臣であった。つまり渋沢が改正掛に招いた人材は自分と同じように渡欧渡米の経験を持ち、或は外国語が達者でまた豊富な対外知識を身につけている人たちである。しかし同時に何人もの旧幕臣を新政府に迎える行為は、旧幕臣に偏見を持つ官僚たちの反感を招くことになる。例えば当時の大蔵少丞であった玉乃世履は渋沢の政府出仕に大反対した一人である。しかし渋沢は大隈重信の支持を受け、その時期に彼が選んだ人材はいずれも近代日本の国作りの礎となった人ばかりで、明治政府に対し経済面及び外交面にかけがえのない官僚であった。

2. 伊藤博文の訪米随員として福地源一郎を推薦

　伊藤博文(1841—1909 年)は渋沢の一つ年下で、長州の百姓の家に生まれたが、16 歳の時に吉田松陰の松下村塾に入り、また他藩の志士と尊王攘夷運動に身を投げた。文久 3 年(1863 年)に、伊藤は長州藩よりロンドンに派遣され、渋沢よりも早く外国と接し、「開国」及び「西洋に学ぶ」決意を固めた。1868 年に伊藤は明治政府によって外国事務掛・外国事務局判事などに任命され、また渋沢の明治政府出仕に賛成した一人である。

①　外務省外交史料館、日本外交史辞典編纂委員会『日本外交史辞典』大蔵省印刷局 1979 年三刷、347 頁。

　明治三年(1870年)10月に、伊藤は西洋の銀行・貨幣制度、財政制度などを研究するために、財政システムが最も優れていると判断したアメリカに赴くことを決定した。当時改正掛長であった渋沢はその件に関与し、政府に出す面書を起草した。アメリカで財政調査を行うためには、英語が達者で、且つ西洋の財政に詳しい人材が必要であった。伊藤が随員の人選に困ったとき、渋沢は同年に『ナショナル・カレンシー・アクト(*National Currency Act of* 1863)』を翻訳した福地源一郎(1841—1906)を推薦した。

　福地は渋沢に明治政府に抜擢された旧幕臣の一人である。彼は長崎出身で、少年時代から地元の名村八右衛門のもとで蘭学を学び、16歳で江戸に出て、森山栄之助の下で英語を学んだ。福地は安政6年(1859年)から外国奉行の通事を務め、二回渡欧を経験した。一回目は文久元年(1861年)には通訳として文久遣欧使節に参加し、翌年には福沢諭吉・寺島宗則(当時は松木弘安と呼んだ)と共にロシア帝国との国境線確定交渉に関与した。二回目は慶応元年(1865年)に幕府の使節としてヨーロッパに赴き、西洋世界を視察した。彼は「筆も利き口も利けてこんな調査には適当している」と渋沢に高く評価された。

　伊藤は渋沢の推薦の人選を信頼し、アメリカへ出張の許可を得た閏10月3日から、出発直前の25日まで、福地を訪米随員にすることに関して書簡を四通出した。

(伊藤博文)書翰　渋沢栄一宛(三井文庫所蔵)①
書簡1
明治三年閏十月三日
宮中制度掛
渋沢少丞殿　　　　　　　　　　　　　　　　　　　伊藤少輔

---

　①　同注174、『渋沢栄一伝記資料』第2巻、488頁。

　　　　至急
　　昨日願置候福地源一郎事ハ如何之都合ニ相成候哉、至急同人へ御
相談被下是非同行仕候様御配慮不堪懇願之至拝具
　　　　三日

書簡 2

明治三年閏十月一二日

渋沢先生　　　　　　　　　　　　　　　　　　　博文
御直

　　過日者参殿御妨申上恐縮仕候、訳文早速御遣被下幾重ニも難有奉
鳴謝候、福地給料一条僕異存ナシ、乍然大隈へ一応逐相談可申候、明
日御確答可申上候、吉田二郎ハ急ニ御聞合可被下候、其外ニも可然
人物御坐候へハ御探求可被下候、書外明日ハ拝青緩々可得貴意、勿
々頓首再拝
　　　　十二日

書簡 3

明沿三年閏十月一六日

渋沢少丞様　　　　　　　　　　　　　　　　　伊藤少輔
　　　　拝復

　　福地給俸之儀御申越種々熱考仕候処、此上官ゟ相増侯儀は対政府
難申立甚心配罷在候、乍去帰来之上少々之褒賞を与候乎、或ハ小生
之給俸中ち分割可仕乎、両様之中取計可申候、即今之処ハ取極置候
高を以御請仕呉候へハ幸甚と奉存候、尚御示談被下度奉存、西野譲
之介一条明日参朝可及縷述、福地へ此段御通置可被下候、勿々貴酬
頓首再拝
　　　　閏月十六日

書簡4

明治三年閏十月二五日

渋沢大蔵少丞殿　　　　　　　　　　　　　　　伊藤大蔵少輔

　　　　　御直拆

　　今日従横浜罷帰申候ニ付、福地吉田氏等明日小生方迄罷越呉候様

　御伝言可被下候、明後廿七日ゟ又々出港直ニ乗船可仕候ニ付、老台御

　間隙御座候ヘハ明廿六日ハ幸御休暇ニも御座候事故、遠方乍御苦労

　御下訪被下度色々御話も申上置度此段申上度、勿々頓首再拝

　　　　　閏月廿五日

　この四通の書簡からは伊藤が福地を非常に重視していたことがわか
る。まず伊藤は渋沢の意見を聞いた翌日に「至急」などのことばを使った
書簡1を出し、福地に早く会いたいという切実な気持ちを表した。次に
書簡2・3の下線部からわかるように、伊藤は福地の随員の職位と給料に
ついて再三の検討をし、福地への褒賞が自分の俸禄から支給する提案ま
で述べた。こうして、伊藤一行はアメリカへ赴いたが、その目的はアメ
リカの「グリーン・バックの制度」①を研究するためである。伊藤がスペ
シャル・コンディショナルで、随行の福地源一郎、芳川顕正、吉田二郎
はアディショナルで、アメリカの大蔵省では四人が一緒になって銀
行・財政・貨幣政策を研究した。伊藤は福地の翻訳した『ナショナル・
カレンシー・アクト』を携帯し、アメリカの大蔵省で原著を借りて、和英
両文を対照しなから、テキストとして勉強したこともあった。

　伊藤は明治4年(1871年)7月に帰国するとき、休まずにすぐ岩倉使節
団の副使・工部大輔を務め、福地も一等書記官に任命され、共に「米欧回
覧」に出かけた。帰国後、福地は政府系の『東京日日新聞』を主宰し、後に
東京府会議議長になったほかに、「東京商法会議所」の創設にも関わった。

─────────

　①　同注174、『渋沢栄一伝記資料』第2巻、485頁。

（二）明治初期に政府の「軍事優先」政策への反論

　明治4年(1871年)に、渋沢は大阪造幣局から大蔵大丞に帰任し、井上馨の代わりに政府の諮問会議に出席したこともあった。明治初期の政治構成は天皇を始めとする皇族グループのほかに、倒幕派の武士が国家権力の中核を担っていた。いわゆる「官僚と軍人の政権」である。戊辰戦争の影響があって、大村益次郎が代表する新政府は「軍事優先」路線を選択し、「近代的官僚的軍隊組織を上から創設する」①方針を実施した。新政府は一刻も早く近代国家の仲間入りを果たすために「富国強兵、万邦対峙」等のスローガンを掲げ、陸海軍による「国防」を充実することが最優先課題に挙げられた。しかし渋沢は「富国」と「強兵」を比較した上で「富国優先」路線を主張した。また当時政府の大蔵卿であった大久保利通の「強兵」提案に反対意見を述べ、外務卿であった副島種臣の台湾出兵に反論した。

1. 大久保利通の「強兵」提案に反対

　明治4年8月(1871年)に、政府の中で強硬派であった大久保大蔵卿は「政府で陸軍省の歳費額を八百万円に、海軍省の歳費額を250万円に定める」②という諮問会議を開いた。しかしその年の歳入統計はまだおおよその見積もりしか出来ていなかったため、先に巨額の支出計画を立てて「強兵」政策に回すことには、国家経済にとって良くないと渋沢は判断した。諮問会議で渋沢はこう述べた。

　　總じて財政は『量入制出』の原理に從はざるべからず。國家の財源が

---

　　①　歴史研究会、日本史研究会編『講座日本近代史7 近代1』東京大学出版会 1985年5月、59頁。
　　②　渋沢栄一著、守屋淳編訳『渋沢栄一の「論語講義」』平凡社新書 2010年9月、34頁。

豐富になれば、或は『制出量入』一の變例に依る場合もあるべけれど
も、今日は未だ國家の財源が發達してをらず、歳入の精確なる統計
さへ備はらざるに當り、兵備はいかに大事なればとて、これがため
壹千五十萬圓の支出を勿卒に決するは本末顛倒の甚しきものなり。
宜しく統計ができ上り、歳入額の明確になった後において事の輕重
を考へ、これに應ずる支出額を決定すべし①

　ここから分かるように、渋沢は国家財政の予算が「入るを量って、出づ
るな為す」という会計の原理に従うことの重要性を指摘し、その予算を一
方的に軍事に傾けることに反対した。さらに大久保に「陸海軍の方はど
うでもよいといふ意見か」②と問詰められた時、渋沢は懸命に抗弁した
が、あいにく井上が列席しておらず、ほかの老臣も異議を述べなかったた
め、孤軍奮闘の渋沢は大久保の「強兵」提案を阻止できなかった。
　そのことから渋沢は自分が井上派あるいは木戸派であることが大久保
に信用されない原因であることを察し、「今日の姿では大蔵省の会計を整
頓してゆくことは、自分には目的がないと考へるから、寧ろ此の望の薄
い職務を」③辞めるという退官の決意まで固めた。
　渋沢と大久保の意見の根本的な違いは、大久保があまりにも国の財政
に関する知識が乏しく、また分かろうともしなかった点にある。当時の
日本は廃藩置県を行う前後であり、各省庁が政府に費用支出を要求する

　　　①　同注124『論語講義』、27頁。現代語訳：「総じて財政といいうものは、『入る
を量って、出づるな為す』の原理に従わなければなりません。国家の財源が豊富にな
れば、あるいはこの原理から外れる場合もあるでしょうが、今日はいまだ国家の財源
が乏しく、歳入の正確な統計さえありません。軍備がどんなに大事だといっても、こ
のために千五十万円の支出をあわてて決めるのは、本末転倒もいいところです。き
ちんと統計ができあがり、歳入額が明確になった後で、事の軽重を考え、これに応じ
た支出額を決定すべきです。」（同注187、34頁。）
　　　②　同注124、27頁。
　　　③　『渋沢栄一伝記資料』第3巻、236頁。

ときに予算案を事前に作っておく制度などはまだ整っていなかった。今まで国を出たことのない大久保にとって、渋沢のようなヨーロッパの経済・会計原理を基準とした国家予算の考え方は理解できなかっただろう。同年12月に大久保大蔵卿は岩倉使節団の副使として、初めて「米欧回覧」をしたが、渋沢や伊藤などと違って、イギリス・フランス・アメリカではなく、ヨーロッパの新興国であるドイツとロシアに関心を寄せた。彼は日本に強力な政府を作り、「富国強兵」と「殖産興業」を実行することを願い、あげく政府の中で「征韓論」を巡って政変が起きた。大久保は明治6年(1873年)11月から暗殺された明治11年(1878年)にかけて日本で有力的な独裁政府を作った。

　渋沢の対外認識は渡欧体験のほかに、彼が生涯にかけて愛読した『論語』にも深く関わっている。渋沢が80代のときに語り残した『論語講義』で、大久保の「強兵」政策に反対したことを題材として挙げ、孔子の言葉である「国を治める基本は、なにごとも慎重を旨として国民の信頼を失わないこと、無駄な費用を省いて国民の負担を軽くすること、農繁期には強制労働にかり出さないこと、この三点である」①を解釈した。大久保と互いに嫌い合っていたことを渋沢は後世に幾度も述べたが、大久保に対して「奥底の知れぬ大きな器量や度量を備えるよう」②な非凡な人物だと評価し、偏見は表していなかった。

2. 副島種臣の台湾出兵の意見に反対

　明治4年(1871年)11月に台湾東南岸に漂着した琉球人66名のうち54名が土着民に殺された事件が起こった。その事件に関する情報は翌年の明治5年(1872年)に「日清修好条約」の改正を交渉するために渡中する

---

　①　同注124、25-26頁；同注187、32頁。子曰く「千乗の国を道むるに、事を敬して信じ、用を節して人を愛し、民を使うに時を以ってす」(学而第一；5 子曰,道千乗之国,敬事而信,节用而爱人,使民以时)。
　②　同注124、72頁；同注187、52頁。

柳原前光より日本外務省に届けて、同年 11 月に当時の外務卿である副島種臣(1828—1905)は台湾征討のことについて政府へ建議した。軍事優先の下で、「陸海軍の軍人などは其職掌上から頻りにこれを企望して、その建議の行はれむこと」①を促した。渋沢はこの風潮を察し、出兵論議前の 11 月 12 日に井上に書簡を出した。

　　井上馨宛(明治五年十一月十二日)
　　　　副啓
　　ホルモサ一件先頃之来も御座候得共、何分<u>副島発遣之義ハ既ニ決定ニ付難引戻、尤条件ハ教令にて屹度相達候間、決而相悖候談判ハいたす間敷、其辺御懸念無之様と大隈方内話有之候</u>
　　陸氏之義も閣下御帰京之上、尚御相談可申上との事ニ御座候、内閣一条ハ全寝入申候、詰り御流れニ可相成哉懸念不少候、尤も鹿児島船ハ明後十四日開帆之積、勝も同船との事ニ付壱弐月中にハ西郷も登京可致歟、夫迄ハ一同船待之体にて腰掛奉公いたし居候
　　此般之事小生尤悪忌する処にして実ニ給金を厭候根性益深く相成申候、情実にも程かあると被存候得共、到底ごまめ之切歯無用之事ニ御座候
　　　　(下略)②

　書簡の下線部を分析して見れば、渋沢は副島の出兵提案が政府の議題になることを洞察し、大蔵省の規則と背いているため反対するという意を示した。後日、太政大臣三条実美は直ちに参議及び各省の主任者を招き、「征蕃問題」の利害を議論する諮問会議を開いた。渋沢は井上の代わりに出席し、「今日の日本は王政維新などといってその名は誠に美なるよ

---

①　同注 191、638 頁。
②　同注 191、642 頁。

うだが、実は廃藩置県の後、その政務を顧みれば毫も整理の実が挙らぬから、国家は疲弊して人民は窮乏に苦しむ最中である。しかるにこのさい事を外国に起して干戈を用いんとするは実に危険千万な事で、仮令外征に勝利を得るにもせよ、内地の商工業をこの上衰頽させる時は、いたずらに虚名を海外に売るに過ぎぬ事だ」と財政上の見地から反対意見を述べた。事前にもらった「内話」通り、参議大隈重信は外交上の見地から先ず清国政府と交渉してから出兵するかどうかを決めるという異議をした。渋沢の努力もあって、その年に明治政府は副島の提案を通さなかった。

　明治6年(1973年)一月、また台湾に漂流され日本の船員4人が土着民に殺害された事件が起こり、3月に副島外務卿は中国台湾・琉球・朝鮮の問題を交渉する目的で特命全権大使として清国に赴くことになった。渋沢は井上と共に討伐に反対する意見書を起草し、三条太政大臣に提出した。この意見書で「兵を外に構ふるを以て無謀の挙」であることを主張し、その理由に次の五つを挙げた。第一に、出兵は一国の全力が必要となる。日本の国力はまだ欧米各国に及ばず、国内各方面の政治もまだ整ってないため、「全力を以て此事を興さんとす。是れ其軽利害の欲訴者なる者也」①。第二に「能内外の形情を洞察して将来の深慮せざる可からず」②。第三に全国の予算を考えなければならない。第四に「大使発遣の時に於て誓約せし条款は、輒ち之を返違することあるべからず」③。第五に「兵を用ひんとす、先づ能我軍備を審量せざる可らず」④ということである。渋沢と井上が官職をかけて、政府を説得しようとしたが、あげく渋沢のもう一つの建白書が『曙新聞』に登載されたことがきっかけで、二人は共に辞職を請願した。

---

① 　同注191、639頁。
② 　同注196。
③ 　同注191、640頁。
④ 　同注198。

第二節　大実業家の政策提言

　渋沢栄一は日本の商工業を発達させるため、1873 年 5 月に退官して実業に専念した。彼は明治時代の35 年間をかけて、日本の金融業、製造業及び合本会社すなわち株式会社の創立に尽力し、国家経済発展のための基礎を築いた。その中で渋沢は実業家として、明治政府と付かず離れずの関係を保ちながら、政府に知恵を尽くして方策を提供した。渋沢の対外認識は彼の実業家を演じる時代にも重要な役割を果たしている。

（一）政府と付かず離れずの関係

1. 退官後も政府の要人と良い関係を保つ

　渋沢は退官以降にも明治政府の要人、すなわち木戸孝允や大隈重信などと良い関係を保ち続けた。ここで木戸孝允の明治六年から明治八年までの日記記録に渋沢の名が見える記事を一例として挙げる。

表 1　木戸渋沢関係日記①

日　付		内　容
明治 6 年 （1873 年）	6 月 10 日	晴、□字(筆者注：「字」同「時」、以下同様)伊太利亜ナーフルへ着す、百四十里の海路、六字前揚睦、市街を車行、旧ホテルにて茶菓を認め、写真屋等に至り十字前帰艦、経度十一度五十八分三十緯度四十度三十四分十六里十二字 (竈頭) 当地にて渋沢の書状を得る
	7 月 28 日	晴、十字過より河瀬を訪ひ、大隈を訪ふ、皆不在、井上に至る、一昨年来の事情を聞得す、渋沢栄来会、三字頃より隅田川へ舟行す、吉川□亦来会、十字井上に帰り一泊せり

① 『渋沢栄一伝記資料』第 2 巻、430-431 頁。

續表

日　付		内　容
明治6年 (1873年)	8月6日	晴、十字頃より井上来話余井上の羽州行をとゞむ、彼今日他へ関係するもの尤多く、則今直に此行をとゞむるときは他人へ損失を及すものもまた不小、依て一度羽州に至り、余の得報知ときは速に帰京せんことを約せり、鳥尾山県西郷真倍等来話、四宇頃より両国増田屋へ会す井上陸奥渋沢等も亦来会、九字皆去、途中自雨に逢ふ
	8月31日	晴、朝横山孫一郎大倉屋商法の規則方法更に不相立、当時専ら豪商と唱ふるものも多く官員に媚び、各一時の僥倖争ひ、或は譎詐専らとし、真の商法の規則法方の不相立を歎し来て前途の主意談話し、云々を余に依頼せり(中略)九字頃より渋沢栄一、訪ひ談論数字、一字帰家(下略)
	9月31日	雨(中略)伊藤春畝来訪、欧洲一別己来の事情を承了し、また本邦の近情を話す、渋沢栄一来話(下略)
明治7年 (1874年)	2月27日	晴又曇(中略)五字の蒸気車にて直に横浜に至り井上世外の新宅へ一泊す、夜渋沢□も亦来話
	5月6日	晴、九字作間一介を訪ひ(中略)其より浮田八郎を訪ひ又青木の新宅を尋ね渋択栄一を訪ひ十二字前伊勢に至り共に長安和惣の招に至る宇(下略)
	5月9日	晴、渋沢栄一陸奥陽之助書状到来
明治8年 (1875年)	3月23日	晴又雨又晴(中略)四字過より山田顕義一同伊藤博文の宅に至る、山尾芳川渋沢井上福原大野等同席小酌談聑(下略)
	3月26日	晴烈風(中略)渋沢栄一来て大蔵省の事情世上不融通の所以を談話せり(下略)
	4月19日	晴、渋沢栄一小室信太夫古沢迂郎来話井上馨一条なり(下略)

　表1を参照すれば、明治6年(1873年)に木戸が米欧回覧の最中にイタリアに着いたときに渋沢から書簡をもらった。また木戸が帰国後に渋沢と数回会ったことが分かる。実は木戸が最初に渋沢と出会ったのは明治4年(1871年)6月で、そのとき木戸は江幡という大蔵省の官僚を太政官に採用する件について、情報調べに渋沢のところに来たというより、むしろ渋沢という人物に会って話がしたかったのであった。そして「明治六年政変」あるいは「征韓論政変」の前後から、木戸は渋沢との連絡によって留守中の政府の状況を把握し、まだ渋沢も政府の要人と交流することを通じて政局の詳細を知ることができた。

2. 政府からの委託を受ける

　退官以後の渋沢栄一は単なる商人ではなかった。彼は実業家でありながら、政府の策略家、時には実行者を演じていた。さらに彼は実業華族の中で「唯一の子爵」①であった。渋沢は実業界に投身し、政府からの委託を受けたことがある。二つ例を挙げる。一つは前文に述べたように、条約改正のために政府から東京商法会議所を設立する委託を受けたことである。もう一つは明治10年(1877年)に渋沢は清国政府との借款交渉役を委任されたことである。

　1876年に清国西部の陝西、甘粛両省で飢饉が起きた。当時新疆軍務の監督者であった左宗棠はそこに拠点を設けていた重要な場所であったのだが、軍費及び物資が枯渇していったため、清朝廷に外国の資金を借りる許可を要求した。こうして清国政府は上海総領事品川忠道を通じで日本政府へ借款を願い出た。

　日本政府は対清利益を拡大するため出資する意向があったが、いきなり一千万円の巨額の資金を出すことは政府の予算に不利で、しかも台湾

①　千田稔著『華族総覧』講談社現代新書2009年、100頁。

出兵の件もあって、政府から直接資することは困難であった。渋沢はこれを「海外発展の好機会なり」①と思い、大隈重信に書簡を送って、「貸付金七分は、華士族の禄券を抵当として、銀行紙幣発行の方法により、華士族中より募集し、他の三分は、政府より銀貨・銅銭・其他の物品を以てせんとするものにして、三井銀行と組合ひて万般の事務を取扱ひ、且つ紙幣発行及び其交換の任に当らんとす」②という具体的な提案を出した。政府は渋沢の意見を採用し、清国招商局よりの借款交渉の件を併せて渋沢と三井物産会社長益田孝に交渉を委任した。

翌年の1月に渋沢一行は上海に赴き、清国代表と「海関銀弐百五拾万両を貸付くるの約束成立し」③たが、清国政府は代表である許厚如の権限が契約書と一致しないなどの理由で契約を破棄した。

3.「銀行業者は政治の有様を詳細に知って、しかも政治に立ち入るべからず」

渋沢はイギリスの経営精神を導入したと同時に、イングランド銀行の重役であるギルバートの「銀行業者の心得」=「銀行業者は政治の有様を詳細に知って、しかも政治に立ち入るべきではない」という言葉を忠実に実行した。

例えば明治23年(1890年)7月、渋沢は貴族院議員に当選したが、翌明治24年10月29日に辞任した。また明治31年(1898年)、伊藤博文が新党を設立した際に、渋沢の意見を尋ね、渋沢は覚書に署名までして支持の意を示しめした。が、明治33年に伊藤から入党を勧められても、渋沢は「賛成することと政治家になることとは、おのずから別問題です」④と

① 『渋沢栄一伝記資料』第4巻、321頁。
② 同注202。
③ 同注202。
④ 同注51『明治を耕した話：父・渋沢栄一』、147頁。

それを断った。

　さらに、明治 34 年(1901 年)5 月に、井上馨内閣を組織する一つの条件
に渋沢が大蔵大臣に就任することが挙げられ、当時の山県内閣の逓信大
臣を務めた芳川顕正が代表として渋沢に説得した。それに対して渋沢は
「政界にはいる意思はありません」①とはっきり拒否した。

（二）商工会議所による明治政府への建白

1. 条約改正のために東京商法会議所を設立

　明治政府は草創期に当たり、条約改正は重要な課題となり、幕末から
明治初年にかけて安政五ヶ国条約を始め、欧米諸国と締結した不平等条
約を平等条約に締結し直そうと努力し続けた。そして明治 3 年(1871 年)
に外務省に条約改正取調掛が設けられた。明治 4 年(1872 年)3 月に訪米
中の伊藤博文はクラント大統領と会見し、通商条約改正予備交渉をした
が、失敗した。また同年 5 月に条約の協議改定期限になったため、11 月
に派遣された岩倉使節団は、「条約改正の予備交渉」を訪問計画に加え、
寺島宗則外務卿の時代にも改正の試しみがされたが、全て不成功に終わ
った。そこで明治 11 年(1878 年)に、殖産興業の振興及び不平等条約改
正を促進するため、渋沢は欧米諸国の「チェンバー・オブ、コマース」
(Chamber of Commerce)のような商工業者の民間団体 ＝ 東京商法会議所を
設立し、その初代会頭を務めた。その後同会議所は政府によって「東京商
工会」に改編させられたが、行政上の協力機関として政府に建言し続け、
のちに同商工会は「東京商業会議所」に改称された。10 年かかて、ようや
く商業会議所に法的根拠が与えられ、明治 35 年(1902 年)法律第 81 号
「商業会議所条例」ならびに「商業会議所条例施行規則」が制定、公布され

---

　①　同注 51『明治を耕した話：父・渋沢栄一』、205、148 頁。

た。（表2を参照）

表2　東京商法会議所沿革

明治11年(1878年)3月	東京商法会議所創立
明治16年(1883年)10月	東京商法会議所、東京商工会に改称
明治23年(1890年)9月	商業会議所条例公布
明治24年(1891年)1月	東京商工会、東京商業会議所に改称
明治27年(1894年)8月	八王子商業会議所認可設立、初代会頭に吉田忠右衛門就任
明治35年(1902年)3月	商業会議所法公布

　商法は民法・憲法と共に、西洋の法制の基礎である。商法会議所いわゆる商工業者の世論機関を成立させたきっかけは、外務当局でない人も条約改正に関する議論に参加させることで、正式に西洋諸国と交渉を始めるためであった。

　明治12年(1879年)9月に渋沢は井上外務卿と大隈大蔵卿に『条約改正ニ付建言書』を提出した。渋沢は一万四千字を超えた長文において、条約問題の重要性を強調し、地租の減少・物産の増殖・輸出の拡大・外資支払いの計算などについてその必要性を述べている。

　明治19年(1886年)に、東京商法会議所は東京商工会に改称し、外国人の「内地雑居を許すべしとする論議」に対して、法権と税権の回収と引替に雑居を認めるという論議は条約改正の問題として取り扱うことに決定した。渋沢は東京商工会会頭の名義で外務大臣井上馨に『條約改正ノ義ニ付建議』を提出した。また同年6月にイギリス公使サー・フランシス・ブランケットが海関税の課税方法について照会したとき、渋沢はその応答をした。照会事項は例えば従価税の加算標準についてや、織物の関税の加算が重量によるか尺度によるかなどであった。つまり渋沢は

「商法会議所」を設立することによって、政府の条約改正の推進に積極的な役割を果たした。

2. 東京商業会議所が政府に意見書

明治24年1月（1891年）東京商工会は東京商業会議所に改称され、渋沢は1891年から1905年まで会頭を務めた。彼の在任期間中に、東京商業会議所は1896年から5年間、日清戦争後の経済に関する意見書を七つ提出した。それは同会議所が1895年以後に行った最も重要な活動である。

日清戦争以後、国家経済の基本方針の確立に関する諸建議①

（1）戦後経済ニ関スル建議

…明治二九年度以後ノ歳計ハ戦後ノ経営ニ應スル各般ノ費途ヲ豫算セサル可ラサルカ故ニ、従前ノ歳計ニ比シテ多少ノ増加ヲ見ルハ免レサル數ナルヘシト雖トモ、今政府ヨリ提出セラレタル同年度歳計豫算ヲ以テ二八年度歳計ニ較スレハ、歳入ニ於テ四七八七万六〇一九圓ヲ増加シ、歳出ニ於テ六二七九萬五五八九圓ヲ増加セリ、而シテ更ニ政府ニ於テ調査セラレタル二九年度ヨリ三八年度ニ至ル一〇ケ年間歳入歳出概算ヲ視ルニ、三〇年度ニ至リテハ其歳計更ニ一層ノ増加ヲ呈シ、即チ歳入ニ於テ一億七九一〇〇餘萬圓、歳出ニ於テハ一億八〇〇〇餘萬圓ニ達スルヲ見ル、爾後三八年度ニ至ル迄ハ其歳計較ヤ減少ノ頃キアリト雖トモ、尚之ヲ二八年度ノ豫算ニ比スレハ歳入ノ増差五〇〇〇萬圓ヲ下ラス、歳出ノ増差亦常ニ四〇〇〇萬圓ノ上ニ在リ、其増加ノ急激ナル是ノ如シ、一國ノ經濟ニ至大ノ変動ヲ與ヘサラントスルモ豈得ヘケンヤ（下略）（明治二九年三月一二日附、會頭名、内閣總理大臣伊藤博文宛）

---

① 『東京商工会議所八十五年史』上巻（同所、一九六六年）、658―681頁。

（2）財政整理ノ義ニ付建議

…（明治三〇年一二月二八日附、會頭名、內閣總理大臣兼大藏大臣松方正義、農商務大臣山田信道宛）

（別紙）

財政整理意見（要旨）

一　政費ハ國力ニ伴ハシムヘキ事（下略）

一　軍費ノ減省ヲ謀ルヘキ事（下略）

一　政費ノ分配ヲシテ其宜シキヲ得セシムヘキ事（下略）

一　歲計ヲ簡明ニシテ國帑ノ運用ヲ敏活ナラシムヘキ事（下略）

一　國帑ノ取扱ヲ簡明ナラシムヘキ事（下略）

（3）國家經濟ノ方針ニ開スル義ニ付建議

（中略）然リ而シテ民業ノ發達政府事業ト相應シ、共ニ倶ニ充分ナル成蹟ヲ收メント欲セハ、民業ノ發達セサル原因ヲ研究シテ、之ヲ矯正スルノ策ヲ取ラサルヘカラス、今茲ニ其原因ヲ列擧スレハ

一、資本ノ充買セサルコト

二、商工業經營ノ適良ナラサルコト

三、貿易機開ノ整頓セサルコト

四、運輸交通機開ノ完備セサルコト

（下略）

（明治三三年六月五日附、會頭名、山縣內閣總理大臣、松方大藏大臣、芳川遞信大臣、曾禰大藏大臣宛各通）

（4）國家經濟ノ方針ニ開スル建議（請願）

第一　興業銀行ノ設立ヲ迅速ニシテ工業資金ヲ疏通スルコト

第二　神戶ニ東亞貿易ノ機開銀行ヲ設立シ、横濱正金銀行ト相応シ共にニ通商貿易ノ利便ニ供スルコト

第三　金融機開ヲ改善シ共ノ行動ヲ適良ナラシメ、以テ商工業ノ

安固ヲ圖ルコト

　第四　金庫ノ制ヲ改正シテ國庫金ノ運用ヲ敏活ニシ、其ノ出納ヲ簡明ニスルコト

　第五　納税手續ヲ改正シテ租税ノ上納ニ小切手ヲ使用スルコトヲ得セシメ、商業手形ノ發達ヲ奨勵スルコト

　第六　左ノ方法ニ依リ一層勤儉貯蓄ヲ奨勧スルト同時ニ、民間零細ノ資ヲ吸收スルコト（下略）（明治三十四年二月六日請願八七日附）

　（5）經濟整理ノ義ニ付建議

　…先ツ内國公債ヲ償還シ、私設鐵道ヲ買收スルカ爲メ外資ヲ輸入シ、由テ以テ同時ニ幣制ヲ改良スヘシト云フノ意見ヲ定メ、次テ各商業會議所ハ經濟整理ノ題目ヲ以テ帝國議會ニ請願シ、且ツ政府ニ建議スル所アリシカ、不幸ニシテ未タ其実行ヲ見ルニ至ラサルハ各商業會議所ノ深ク遺憾トスル所ナリ（中略）前記經濟整理案ノ遂行ニ盡力セラレンコトヲ望ム（明治三四年一一月七日附、会頭名、桂内閣総理、芳川遞信、平田農商務、曾禰大蔵、小村外務各大臣宛各通）

　（6）貯蓄奨勵ノ義ニ付建議

　…之ヲ要スルニ、貯蓄奨勵ニ關シテハ是迄本会議所ノ熱心ニ唱道シタル所ニシテ、此事タル本來國家經濟上極メテ必要ナルノミナラス、現下商工業ノ萎靡ヲ緩和スル爲メ特ニ急施ヲ要スルモノト信スルニ付、政府ハ比際貯蓄奨勵ノ方針ヲ定メ、速ニ相當ノ施設ヲ実行セラレンコトヲ望ム

　右本會議所ノ決議ニ依リ建議仕候也（明治三十四年十二月八日付、会頭名、内閣総理、遞信、農商務、大蔵各大臣宛各通）

　（7）對清經濟策ノ義ニ付建議

　今ヤ清國事變茲ニ一段落ヲ告ケ、平和ノ克復漸ク將ニ其緒ニ就カントスルニ方リ、對清經濟策トシテ施設經營スヘキ問題一ニシテ足

ラスト雖トモ、今差向其急施ヲ要スルモノヲ舉クレハ左ノ如シ

　一　清國河湖航運業擴張ノ件

　清國江河ノ沿岸、湖沼ノ周邊ハ、概シテ人口繁ク物産豐カナルノ地區タリ、然ルニ現在此等地區ニ於ケル旅客ノ往來、貨物ノ運搬ハ依然舊慣ヲ改メス、專ラ彼ノ脆弱小形ノ所謂「ジャンク」ニ依ルモノニシテ、天與ノ良航路モ爲メニ充分其用ヲ致ス能ハス、共ノ僅ニ汽船ノ航通アルハ長江下流ノ一小區域ニ過キサルナリ、清國内地ニ於テ人智ノ啓ケ進マサル、物産ノ競ヒ出テサル、眞ニ以アリト謂フヘシ、此際我國人ニシテ清國内地ノ河湖ニ就キ適當ナル航路ヲ撰ンテ汽船航運ノ業ニ從事スルトキハ、依リテ以テ<u>彼我經濟上ノ利源ヲ開發シ、彼ノ地ニ於テ我カ勢力ノ根抵ヲ堅実ナラシムルヲ得ヘキナリ</u>

　一　日清銀行設立ノ件

　日清貿易ハ近時著明ノ發達ヲ爲シタルニ拘ラス、未タ其通商上特設有力ナル銀行機関ノ設立ヲ缺クハ、我商工業者ノ大ニ遺憾ヲ感スル所ナリ、若シ此際幸ニ此種ノ銀行ニシテ設立セラルルニ至ラハ、其効用單ニ我商工業者ヲシテ通商上一層ノ便利ヲ得セシムルノミナラス、又能ク<u>清國ニ於ケル金融ヲ圓滑ニシテ、其富源ノ開發ニ資スルヲ得ヘク、随テ經濟上彼我ノ連結ヲ固クシ、以テ国際的親交ヲ厚クスルノ便利少カラサルヲ信スルナリ</u>

　一　清國内地ノ事情調査ノ件

　（下略）

　明治三十四年十一月八日

　これらの資料を分析すると、渋沢が1901年までは日清戦争後の経営問題の一つである大軍備拡張案に対して強く反対したことが分かる。第一に(1)「戦後経済ニ関スル建議」において、国家経済は急変を避けることを強調し、明治29年から38年まで(1896—1905年)の10年歳入歳出の概算によって経済成長が持続することを指摘した。第二に(2)「財政整理ノ義ニ付建議」において軍費の減少を主張した。第三に(3)～(6)において

国家経済方針・経済整理・貯蓄奨励の各方面から「富国」政策について建言した。また第7通「対清経済策ノ義ニ付建議」において渋沢の対清態度がはっきり分かる。それは清国で経済的な拡張を主張することである。具体的には資源開発に関わる航運業の拡張と日清銀行の設立による金融業の拡張、及び情報収集を行うことである。

おわりに

　渋沢栄一の思想の特徴は常に時代の要請に応じて発展し続け、その柔軟性と適応性を十分に表しているといえる。渋沢の対外認識も全く同じである。彼は明治政府に在官した時、その旧幕臣の中から前島密や杉浦譲のような国家発展に必要な優れた対外交渉人材を選抜した。渋沢が伊藤博文の訪米のために推薦した福地源一郎も岩倉使節団の一員となり、堪能な外国語力と西洋の見識によって新政府の「米欧回覧」に重要な役割を果たした。また彼は明治初期の「軍事優先」路線を反対し、諮問会議で上司であった大久保の「強兵」政策や外務卿であった副島の台湾出兵の提案に対して敢然と反論を述べ、「富国優先」路線を主張した。

　退官以後も、渋沢は「明治時代実業界の最高指導者」①として政府に影響を与え続け、政府要人から直接意見を求められた以外に、彼自身も国際状勢の風を読み、経済面の予測と判断をした上で政府に意見を述べた。主に商法会議所によって条約改正に関する建言書を提出し、条約改正のプロセスを推進した。また日清戦争後の国家経済の基本方針に対して建議を出し続けて、政府に軍備拡張ではなく経済上の拡張を提案した。その中で渋沢はギルバートの「銀行業者の心得」を忠実に守り、政府と付かず離れずの関係を保った。渋沢は明治時代において常に「経済優先」路線の推進役を演じていたと言っても過言ではないであろう。

---

　①　土屋喬雄「渋沢栄一の経済思想について」、『社会経済史学』16（2），2-26，1950-06-15。

第五章　渋沢栄一と日米関係―米大統領との交流をめぐって

　近代日米関係の端緒は「ペリー来航」にさかのぼる。1858 年に「日米修好通商条約」を締結してから、1941 年に日本海軍による真珠湾への奇襲攻撃までの80 余年のあいだ、日米両国は友好と協力の関係が主流であり、貿易においても頻繁に交流した。両国政府間の外交関係のほか、民間の経済・文化の交流関係があった。しかし20 世紀に入ると日本の国際的地位の向上につれて、とりわけ日露戦争後に、日米両国は互いに脅威と意識するようになった。1906 年にアメリカ西海岸を中心とする人種問題は日米関係の最初の摩擦で、それが日本人に対する移民排斥につながった。その中で経済有力者としての渋沢栄一は、小村外相より民間外交の必要性を説かれ、日米関係改善するために民間経済外交を始めた。

　渋沢栄一が1910 年発刊の『明治商工史』において、「世界列強中、英吉利国を以て最も其の要旨に適ふものとす。北米合衆国は少しく突飛に発達する所あるも、其の活動力は極めて強大なりといふべし。独逸は学理実際の連絡よりして実業上の発達実に畏敬すべきものあり」①と述べている。よって、彼が日本のモデルとすべき西洋の先進国は最初のカルチャーショックを受けたフランスではなく、資本主義の範型であるイギリス、

① 渋沢栄一、ほか『明治商工史』報知社 1910 年、20-21 頁。

新興国のアメリカおよび学問の応用に優れたドイツという三国と考えた
ことが分かる。渋沢は1867年の渡欧の際に、「世界金融の心臓」であった
イギリスに接し、その体験を『航西日記』と「英国巡回日記」に記録した
が、記述のほとんどは当地の議政堂や貨幣局などに対する印象であった。
つまり渋沢がイギリスに対して最初に注目したのは、金融システムであ
った。1902年、第一次日英同盟の締結後に渋沢は帝国海事協会の大会に
おいて、イギリスを日本の海事のモデルとして持ち出し、日本の海事商
社がイギリスのロイド商社のように、「軍事」を「商事」・「海事」とリンク
すべきことを指摘した。この演説をした翌月に、渋沢は欧米視察に赴き、
直近の米英の国勢に対する比較考察を得た。彼は「日本が資本の共通を
図るに於ても今日は尚ほ英国に行くの必要あり。英国に需むるは之を他
に求むるより早くして且つ効あるを見る」①と、イギリスに対する敬意を
持ちつづていたが、アメリカこそが、近い将来、世界経済地図と国際政治
舞台における「地殻変動」を起こす震源地であり、すなわち「米国の蹶起」
を予見したのであった。そして、彼の三十年間にわたる日米親善への努
力は、まさにその時からスタートしたのであった。

　渋沢栄一は生涯8人の米大統領と関わっている。その中で直接会見し
たのは5人であり、さらにその5人の内、3人と深く友誼を結んだ。渋沢
が直接会って言葉を交わした5人の米大統領は、任期を終えた直後に日本
を世界一周旅行の終着地としたグラント将軍（Ulysses Simpson Grant,
1822-1885）、日露戦争で日本、ロシア間の調停をつとめ、日本の動向や日
米関係について常に関心を寄せたセオドア、ルーズベルト（Theodore
Roosevelt, 1858-1919）、就任前に何度も日本に関する事務処理を担当し、
また日本に公務旅行したウィリアム・タフト（William Howard Taft, 1857-
1930）、第一次世界大戦中に渋沢と会見したウッドロウ・ウィルソン
（Thomas Woodrow Wilson, 1856-1924）、ワシントン会議の発起人であった

① 　渋沢栄一「欧米経済上の所感」、『経済評論』2巻11号、1902年9月。

ウォレン・ハーディング(Warren Harding, 1865-1923)である。また渋沢
は三度もホワイトハウスにおいて米大統領に謁見した。それは一人のビ
ジネスマンとして、アメリカで受けられる最高の待遇であった。

　渋沢が米大統領との交流を注目した理由は、彼の対米国民外交の発端
につながる。日露戦争後、日米関係が悪化する一方で、時の外相小村寿
太郎が渋沢に民間交流の必要性を説いたことがきっかけで、渋沢は日米
間における民間交流を従事し始めたことは周知のとおりである。片桐氏
が指摘したとおり、渋沢の国民外交の特色は「実業人を核とし、必要に応
じて知識人、学者、そして宗教人等の参画を得、政界、官界と協力し、或
いはその政財官との間に築いた人的資源やネットワークを駆使すること
によって、政府・外務省、すなわち国の展開する外交を支援、或いはその
補助的役割を果たす、更にはそれらを通じて国の外交政策の中に自らの
考えや実業界の主張を反映させることを目指した点にある」①。本章はそ
の認識に基づき、渋沢の対米民□外交の中で、米国実業界や社会一般へ
働きかけると同時に、米国の政界中枢部へ効果的アピールしていくこと
を明らかにしたい。

　また渋沢は日本国民の中の有力者たちが米当局のリーダー層にメッセ
ージを送ることが重要であると考えたと推測できる。つまり渋沢は東京
商法会議所(後に東京商業会議所に改称)を創立して以来、国内政府だけ
ではなく、海外の為政者にも経済人として発信することを求めた。そこ
で渋沢が東京商業会議所会頭として、初めて米大統領にメッセージを送
った、すなわち明治34年(1901年)9月18日のアメリカ合衆国大統領マ
ッキンレーの暗殺に対して、会頭として慰問の電報を発信したことは、渋
沢が対米国民外交のステージに登場する合図でもあったと考えられる。

　本章は、渋沢栄一と米大統領との交流を三つの段階に区分して、それ
ぞれ詳細な分析を加える。第一段階は、渋沢の対米交流の準備期(1879—

　　①　渋沢栄一「欧米経済上の所感」、『経済評論』2巻11号、1902年9月。45、41頁。

1901)、つまりアメリカ前大統領グラント将軍夫妻歓迎の接待から、アメリカ合衆国大統領マッキンレーの暗殺に対して慰問の電報を発信した時までである。第二段階は、対米交流の高揚期(1901—1924 年)、つまり渋沢が四回の渡米において、第 26 代大統領セオドア・ルーズベルトを始めとして、第 27 代大統領ウィリアム・ハワード・タフト、第 28 代大統領ウッドロウ、ウィルソン、第 29 代大統領ウォレン・ハーディングに連続して謁見し、face to face(向かい合う交流)を実現した。第三段階は、対米交流の冷却期である1925—1931 年に、渋沢は排日移民法の成立に大衝撃を受けたが、途絶えることなく第30 代大統領カルヴィン・クーリッジ(John Coolidge, Jr., 1872-1933)と第 31 代大統領ハーバート・フーヴァー(Herbert Hoover, 1874-1964)へメッセージを発信し続けた。

　このように本章では、渋沢栄一と米大統領との交流の経緯を取り上げ、渋沢の対米認識と交流活動の脈絡を把握し、渋沢栄一が近代日米関係においてどのような役割を果たし、どのような影響を与えたのかという一側面から考察することで、その輪郭を描くことをこころみる。

第一節　対米交流の準備期—グラント将軍から始まり

　1879 年から1901 年までは、渋沢栄一の対米交流の準備期であり、その出発点はアメリカの前大統領グラント将軍夫妻の歓迎活動に東京接待委員長を担当したことである。いわゆる渋沢雅英氏が『太平洋にかける橋—渋沢栄一の生涯—』に提起した「国民外交の夜明け」①に渋沢栄一が国民外交を開幕させたシンボルである。この段階での日米間は、条約改正に関する交渉を行う最中に当たる。ちょうどグラント将軍来日の前年、明治十一年(1878 年)に、渋沢栄一は殖産興業の振興及び不平等条約改正

　①　渋沢雅英著『太平洋にかける橋—渋沢栄一の生涯—』読売新聞社 1970 年、17 頁。

を促進するため、欧米諸国の「チェンバー・オブ・コマース」(Chamber of Commerce)のような商工業者の民間団体＝東京商法会議所を設立し、そこの初代会頭を務めました。つまり渋沢はこの段階において、おもに東京商業会議所会頭として対米交流を展開していた。

　しかし渋沢がアメリカの様子や日米関係などに関心を寄せたのは、この段階から始まったわけではなかった。1914年に出版された英文書 *Japan's message to America—a Symposium by Representative Japanese on Japan and American-Japanese Relations*(『日本のアメリカに贈るメッセージ』)において、渋沢は自分の最初の対米認識を次の通り述べている。

　　私はアメリカに関心を寄せたのは何年前からであった。1853年に海軍准将であるペリーは艦隊を率いて浦賀沖に現れた時、私はただの十四の田舎少年で、外国のことをあまり知らなかった(中略)黒船来航のおかげで、次の数年に国際問題によって引き起こされた国勢の不安と動揺は、私の心の中に強い印象を与えました。アメリカがほかの外国よりも私に強烈な印象を与えたのは、自然なことである。[1]

　そして1867年に遣欧使節団の一員としてパリ万国博覧会に参加した渋沢は、アメリカの展示品を見て、農業の機械に興味を持ち、賞賛の声を上げた。明治3年(1870年)に伊藤博文が西洋の金融制度と財政制度を研究するためにアメリカに赴く件に関与し、政府に出す書類を起草したうえに、訪米随員として福地源一郎を推薦した。

　こうしてアメリカに常に関心を寄せた渋沢は、対米交流の準備期において、次の行動が特徴として挙げられる。

---

[1]　*Japan's message to America—a symposium by representative Japanese on Japan and American-Japanese relations*，(ed.)　and comp. by Naoichi Masaoka，pp.19-20.

（一）　グラント将軍夫妻の東京での民間接待担当

　本来グラント将軍は、18代大統領の任期を終え、妻と共に「世界一周」の船旅に出かけた時点で、あまり詳しい計画を立ててはいなかったが、日本を終着地にしたのは、彼がせっかくのチャンスに「中国、日本およびサンフランシスコを通って東にいけばよい」①と出発してから半年が経過した1877年の秋に決めました。このような世界的名士が日本を訪れることを希望したのは、日本開国以降初めてのことであって、全国的にも盛大な歓迎ムードが巻き起こした。政府はこのチャンスを利用して、「日本の文明開化ぶりをできるかぎりPR」したいという考えで、民間の組織による接待活動を求めた。そこで当時発足したばかりの商法会議所が民間接待の先頭に立ち、会頭であった渋沢栄一及び副会頭であった福地源一郎が「東京府接待委員会」の委員長に当選した。

　渋沢栄一はグラント将軍の東京滞在中において、福地と共に東京府民歓迎の意を表す接待活動を主催した。『渋沢栄一関係資料』の第25巻の資料から整理したこのフォーム(表3)を見ていくと、渋沢は東京府接待総代として8回も歓迎行事に関与したことが分かる。

　「西洋では家庭へも招待する」習慣から、渋沢個人としてグランド将軍に製紙会社と抄紙部を案内し、飛鳥山の自宅まで招いた。

　『ユリセス・S.グラントの書類集』によると、今回の接待において、渋沢と福地はグラント将軍と手紙のやり取りが7月2日、7月6日、7月12日、9月2日の四回も行われたことが分かる。7月に送った3通の手紙の内容は「東京府接待委員会」が主催する歓迎活動について、事前連絡を行うものであったが、9月2日に送った手紙は、グラント将軍が日本からアメリカへ旅たった直前に当たり、東京府民の歓迎及び感謝の意をグラン

---

　　①　*The Papers of Ulysses S. Grant*，*Volume* 28；*November* 1，1876-*September* 30，1878. Southern Illinois University Press，p.317.

ドに伝えるものであった。つまり、渋沢は東京府民を代表して歓迎の接待行事に参加しただけではなく、その後の連絡も遺漏なく成し遂げたのである。

　グラント将軍の歓迎は盛大を極めた上から下までの全民的外交活動で、その影響も大きいものだった。渋沢個人としては、39才の若さで日本開国以降初めての官民共同による外賓接待活動を体験し、またその主要な主催者の一人として、平和と友好を前提としての外交活動を向けて、グラント将軍の心にも、渋沢の心にも大きく響いたことに間違いありません。いわゆる「日米両国の国民的外交の端諸となった」①と渋沢本人にもそう語っている。

表3　アメリカ元大統領グラント将軍接待日程

日付 (1979年)	接待活動		
	主催者	場所	主要活動
7月3日		新橋駅	栄一が東京接待員総代の一人として、グラントを迎える
7月4日	在留アメリカ人	上野精養軒	東京在留アメリカ人、同国独立第百三回記念夜会に出席
7月8日	東京府接待委員会	虎の門工部大学校	グラント将軍歓迎夜会に幹旋
7月16日	東京府接待委員会	新富座	グラント将軍歓迎観劇会に幹旋
8月1日	横浜居留外国人	横浜山手公園	グラント将軍招待夜会に臨席
8月5日	渋沢栄一	飛鳥山邸	午餐会を催す
8月25日	東京府接待委員会	上野公園	明治天皇の臨幸を仰ぎ、グラント将軍夫妻を招請する。栄一が御臨幸委員総代として幹旋

①　『渋沢栄一伝記資料』第25巻、529頁。

續表

日付	接待活動		
(1979年)	主催者	場所	主要活動
8月26日	横浜駐在アメリカ総領事トーマス・ヴァン・ビューラン(Thomas B. Van Buren)		夜会に臨席

　日本としては、それは市民社会において最初の近代国際外交慣例に従い始め、文明的で友好的な作法でもって外国の要人を丁重に接待し、国際的な交際を展開して対外友好関係の雰囲気を発展させたであった。栄一はアメリカの元大統領グラントの訪日の機会を利用して、東京市民の名義で、盛大な歓迎式典を行い、天皇、皇族、大臣、東京知事、および重要人物の出席も要請した。また式典では武術演技などの多くのプログラムを組み、活発で情熱的な友善の雰囲気を作り上げた。他にも前大統領に東京の新富座で演劇を見せ、工部大学で盛大な接待を設けた。グランド大統領一行は日本の民間が有史以来の誠意ある友善と高いランクの接待を受け、「欣悦したことは無論」①であった。このような友好的、平等的、礼儀正しい、情熱的に外国の賓客をもてなしたことは、今日からすれば当たり前のことであるが、当時の日本においては確かに新しかった。当時の日本社会では、攘夷の思想が依然広く存在し、多くの人々が外交と外国の賓客を接待する意義を理解していなかった。この大式典ののち、日本は「人民は人民として其の意志感情を公に表明するの風習が開けるに至った」②。日本国民の対外関係発展を推進するため、渋沢栄一は明治二十六年に喜賓会を創設し、のちに相次いで帝国ホテル、帝国劇場を修

---

① 　幸田露伴『渋沢栄一伝』渋沢青淵翁記念会 1939 年、356 頁。
② 　同注 216。

築し、積極的に日本の市民社会の対外交際を展開し、対外友好関係の活動を発展させた。

　グラント将軍としては、日本滞在中に受けた日本官民における歓迎活動好印象を持ち、「帰国の後ち人に遇ふ毎に、例も貴国のことを申出でられ」①という無意識に日本開国後の様子をアメリカに宣伝する役割を果した。

（二）1902 年以前の民間交流

　グラント将軍の歓迎活動によって、渋沢は国民外交の舞台にデビューした。その後は、商業上の対米民間交流もあったが、「1892 年（明治 25）ニューヨーク商業会議所会頭チヤーレス・エス・スミス（Charles S. Smith）氏歓迎園遊」と「1898 年（明治 32 年）フイラデルフイア万国商業大会及び博覧会に参加方招請」の 2 件しか関与していない。一件目は1892年に、東京商業会議所が同氏の招待会を開催し、渋沢会頭のほかに後藤農商務大臣、陸奥外務大臣、富田東京府知事などが出席した。渋沢は歓迎の演説中で「昨二四年の如き日米貿易はわが国輸出入額において最高位に達したが、輸出輸入の不均衡が目立っており、これを改善して一層両国貿易の発展を図りと述べ」、スミス氏がこれに対し、「貴国とわが合衆国との間交誼愈々厚く、商業上の関係愈々密なる時期の近きにあらんことを望むは、わが同胞兄弟の挙って翼う所である」②と答えた。2 件目は1898 年に渋沢がアメリカフィラデルフィア商品陳列通信部副長シー、グリーンを兜町邸に招待し、1899 年 6 月同市に開催する万国商業聯合会へ委員派遣のことおよび両国間貿易について相談した。

　渋沢は1902 年以前に商業上による対米民間的交流が少ないが、この時期に関与した対外活動は上昇する情勢を現した。そこで、渋沢栄一の1879 年から1931 年までの日本国内における外交活動について図 3 を作成

---

①　『渋沢栄一伝記資料』第 25 巻、538 頁。
②　同注 207、858-859 頁。

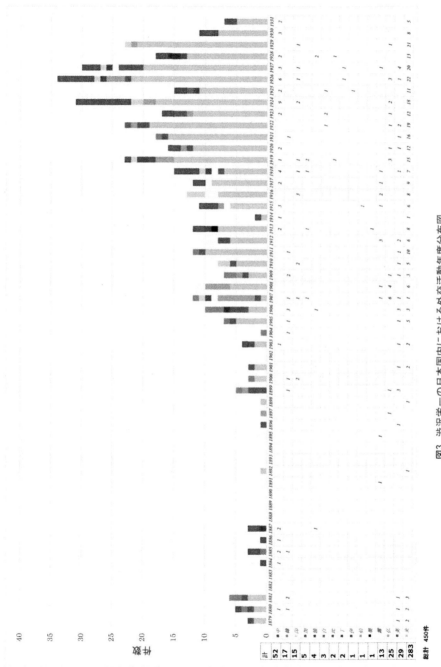

図3　渋沢栄一の日本国内における外交活動年度分布図

した。この図表は渋沢の日本国内における対外活動の件数と変動の方向を表している。1901年以前の活動を見ると、その件数は1902年以降と比べてすくないが、この時期に渋沢は東京商業会議所会頭として、又個人として関与した対外活動が、イギリス、フランス、ドイツや中国、韓国及びインドを含め、合わせて33件以上にのぼった。つまり1879—1901年の間に、渋沢の対外交流の能力が養われたことが分かる。

（三）アメリカ合衆国大統領マッキンレーの暗殺に対して会頭として慰問の電報を発信

　前文でお話した通り、渋沢が明治34年(1901年)9月18日にアメリカ合衆国大統領マッキンレーの暗殺に対して会頭として慰問の電報を発信した。マッキンレー大統領は、米国の歴史上に、第16代大統領アブラハム・リンカーン及び第20代大統領のジェームズ、ガーフィールドの後に暗殺された三人目の米大統領である。このような悪質な事件に対して、渋沢が一つの民間組織を代表して大統領に慰問の電報を発信したことは、渋沢の対米国民外交のステージに正式に登場する端緒として考えられる。思いがけず1週間後にマッキンレー大統領は亡くなり、渋沢はすぐに新任のルーズベルト大統領に哀悼の電文を発送した。彼は一人のビジネスマン・民間人としての立場から積極的にアメリカ大統領に発信することで、日本の財界の指導者として、対米国民外交の先駆けとなった。これも渋沢が翌年に初めてアメリカを訪問した時、ルーズベルト大統領にホワイトハウスに呼ばれ、謁見のチャンスを得たことの基礎となったことが推察できる。

第二節　対米交流の高揚期—ルーズベルト大統領、ウィルソン大統領とハーディング大統領

　1902年から1923年までの渋沢の対米交流活動は、彼の四回の渡米と共

に、一気に高揚期に突入した。アメリカは19 世紀第一四半期から「モンロー主義」を外交政策の原則と基本にし、米州以外の外交問題に無関心だったが、経済的関係から東アジアの問題に関与し、日清戦争を調停するため行動したからである。明治 27 年(1894 年)7 月 9 日にアメリカは「在鮮米國公使ニ訓令シテ平和状態保持ニ大ニ努力セシメ」①、日本に撤兵を希望する公文を発行したが、日本に拒否された。また開戦後にイギリス政府を初めとする多国家聯合干渉に、アメリカも参加を求めた。さらに終戦後の三国干渉に対して、アメリカは「欧州諸国の合縦」を許す態度をとった。すなわち日米関係の摩擦の端緒は日清戦争前からあったのである。

　日清戦争以降、日米両国は頻繁に交渉を行った。例えばアメリカ政府は中国における通商上の権利保全について日本政府に提議した。また日露戦争において、ルーズベルト大統領は調停役を務めた。さらにハリマンの満洲鉄道日米共同管理の計画について日本政府と交渉したことやノックスの満洲鉄道中立の提案など、日米関係はいっそう悪くなる一方であった。そして1903 年にインディアナ州の下院議員であったロビンソンが日本移民排斥法案を提出してから、1924 年に排日移民法の審議が米国上院に移り、また大統領の裁可を得て、同年の7 月 1 日に実施されるまでの20 年間において、渋沢は排日問題の緩和及び解決を焦点に当て、対米交流を行った。図 3 の黄緑の部分アメリカに関する活動の件数を表している。それもこの時期に渋沢が対米交流活動を盛んに行っていたことを証明する一つの参考になる。

（一）1902 年の渡米とルーズベルト大統領への謁見

　渋沢はセオドア・ルーズベルト大統領に謁見したのは、1902 年に欧米漫遊中のことで、「特典」のような待遇であった。セオドア・ルーズベルト大統領はアメリカ史上最年少の43 歳で大統領に就任した。彼の就任に

---

① 　外務省調査部編纂『日米外交史』クレス出版 1992 年、53 頁。

ウォール街に株式市場を操縦しているトラストの有力者達は、「この一足飛びに偉くなった軽率な若僧がホワイトハウスでどんな挙動をするのかが分かりません」①と心配してたまらなかったという。彼はホワイトハウスで日本の政治的要員でない渋沢に接見したことも、この若い大統領の初めての試みであった。これは渋沢栄一がその後も毎回の渡米に際して、大統領の接見を受ける先例を提供した。

　渋沢とルーズベルト大統領に謁見した時に会話の内容に関しては、渋沢が様々な公開の場に、とりわけ対米交流に関わるイベントに、講演の内容として、その逸話を回顧した。その中で1920年に出版した『ルーズヴェルト氏の日本觀』の序文には、もっとも詳細にまとめられている。

　　初対面なるにも拘はらず、故人は至極打解けたる態度を以つて余な迎接せられ、口を開いて先づ日本美術の優秀と軍備の充実とを称讃せられ、特に北清事変に於ける日本軍隊の勇敢と、其紀律の厳正にして且つ廉潔なりし事とを称揚して、斯る敬重すぺき国の代表的人物たる貴下に会見するを得たことを喜ぶ旨な語られた。余は之に対して…他日閣下と再会の機会に於ては、親しく閣下の口より、日本実業の隆昌を称讃せられるのな聞く喜びを得たいと思ふと答へたのであつた、故人は余の此言な聞くや、破顔一笑して言はれるには…余は決して貴国実業の進歩を無視するものではない

　　（中略）

　　故人が日本及日本国民に対して、満足なる理解と好感とを有して居られたことは、右の会見に於ても、明らかに看取することが出来たのであるが、果然日露戦争の際に於て、故人が両国の媾和について特に尽瘁せらるゝ所少からざりし事は、世界の平和を愛する趣旨

　　　① David C. Whitney. *The American Presidents*. New York：Doubled & Company, Inc., 1967：222.

にもよるであらうが、亦我が邦に対する好意の発露であると、余は
信じて疑まないのである。①

　つまり渋沢はルーズベルトが日本に対する理解と好感や、1905 年に日
露戦争の停戦を仲介して、その功績でノーベル平和賞を受賞したことか
ら、ルーズベルトの「世界の平和を愛する趣旨」について称賛した。ルー
ズベルトは、1915 年 12 月 3 日に第 3 回目の渡米中であった渋沢を自宅に
招き、「二十一ヶ条」と韓国の問題について討論した。その点については
本節の(三)につながる。

（二）1909 年の渡米とタフト大統領への謁見

　ウィリアム・タフトはグラント将軍を除いて、渋沢と面会する回数が
もっとも多かった大統領である。渋沢栄一はアメリカ陸軍大臣を務めた
時のタフトと 2 回会見た。一回目は 1905 年にタフトが来日した際に、渋
沢はその歓迎活動の協議に参加し、7 月 27 日において京浜地区の実業家
が主催するタフト歓迎会に出席し、歓迎の演説を行った。二回目は 1907
年にタフト一行がフィリピン視察の途中に日本に滞在し、9 月 28 日に渋
沢は再びタフト一行の歓迎晩餐会に出席し、演説を行った。この 2 回の会
見はちょうど日露戦争の戦中と戦後にあたり、渋沢の歓迎演説の内容も
異なっていました。特に 1907 年 9 月の演説おいて、渋沢はタフトがアメ
リカに帰国後に「日本国民は斯様の感情を具へて居ると云ふことを貴国
の朝野の人々に普ねく御知らせ下すつて、吾国民が合衆国民を我国民同
様に思ふ如く、夫れ程合衆国民も亦我々日本の国民を同様と御看做し下
さることを希望して已みませぬ」②と述べた。つまり渋沢は「翌年の大統

---

　①　渋沢栄一編『ルーズヴェルト氏の日本觀』序言、『渋沢栄一伝記資料』第 32
巻、26 頁、27 頁。
　②　『渋沢栄一伝記資料』第 25 巻、572 頁。

領選挙にルーズベルトの後継者として出馬するものと予想されて」①いた
タフトに、サンフランシスコの日本移民排斥問題について言及させたい
と考えていたといえる。そして1909年に渋沢は「渡米実業団」を率いて、
アメリカで2ヶ月ほど滞在した時、9月19日ミネアポリス近郊のミネトン
カ湖畔ラファイエット倶楽部において、大統領ウィリアム、タフトに会見
し、二人ともその後の午餐会で演説をした。ワシントンポストの社説は、
タフト大統領が「日本を訪問すること六回、而して、日本人の目的及び希
望を識ること…(この)演説は、(日本)両国間に存在する友誼貿易の共同
及産物の交換に関する保証に、最後の印章を刻したるものなり」②と評論
した。タフトと渋沢の最後の面会は1921年12月8日に、渋沢の第四回の
渡米中にとげられた。その点は本節の(四)につながる。

（三）1915年の渡米とウィルソン大統領への謁見

　ウッドロウ・ウィルソンは1913年大統領に就任した直後に、南米を初
めとする拡張による「東西外交」を実施し始めた。いわゆる「ウィルソン
主義」でモンロー主義を取替わるか矯正するつもりであった。統計によ
るとウィルソンは、アメリカ建国から第31代大統領ハーバート・フーヴ
ァーまでの140年間において、中国と最も多く交流を行い、最も密接な関
係をきづいた米大統領であった。ウィルソンは就任にあたり、前任大統
領タフトから袁世凱の「善後借款(Reorganization Loan)」協議を引き継ぎ、
米銀行家による国際銀行団参加に支持することを拒否し、アメリカを不
利の立場から救い出した。そして第一次世界大戦が勃発し、日本が中華
民国政府に「二十一ヶ条」の要求を提示した。それにたいして、ウィルソ
ン政府は「門戸開放」政策からアメリカの中国においての特権を維持する
ことを努力した。つまり二十世紀初期の日米間の主要的衝突は中国にお

　　①　『渋沢栄一伝記資料』第25巻、212、158頁。
　　②　『渋沢栄一伝記資料』第48巻、149頁。

いての利益配分にあった。

　渋沢の三回目の渡米は、そのような背景において、1915 年、サンフラ
ンシスコで開かれるパナマ万博に参加することで成し遂げられた。渋沢
はウッドロウ・ウィルソンに会う前に、元大統領ルーズベルトの家に訪
れ、「国交上緊要ノ談話ヲ交換ス」①、「日本移民問題」、「日支交渉問題」、
「朝鮮統治の成績」②などの問題を討論した。「二十一ヶ条」と韓国の問題
についてルーズベルトは次のように語っている。

　　日支交渉問題に関しては、日本が露仏伊と提携して帝政延期を勧告
　せるは、明かに中国の内政に干渉するものにして、之を政治的理想
　より論ずれば、断じて可なりと言ふを得ざるも、政治は理想のみに
　依て運用せらる、ものにあらず、其一面に於て実際的方面を育する
　は、親しく責任の位置に立てる政治家の首肯する処なり、従て日支
　両国多年の関係より見て、此延期勧告は当然の事なりと信ず、但し
　斯く言へばとて、日本の対支外交の全休に対して悉く同意する者に
　あらずと述べ
　　（中略）
　　朝鮮統治の成績に関しては、其の施設が極めて干渉的にして、消
　極的なるは、一般外国人の間に多少非議せらる、も、余の見る処を
　以てせば、日本の朝鮮統治は確に成功なり、尤も之を日本人より見れ
　ぱ寺内総督の施設が万事に物足らざるの憾みあり、亦一方外人より
　見れ，ぼ余りに苛政なりと云ふもある可し、然れども新領上の統治
　は局外の見るが如き単純なるものにあらずと賞揚し（た）…③

---

　①　「渋沢日記」1915 年 12 月 3 日、『渋沢栄一伝記資料』第 33 巻、53 頁。
　②　『中外商業新報』、第 10676 号、大正五年一月六日。『渋沢栄一伝記資料』第
33 巻、60 頁、61 頁。
　③　『渋沢栄一伝記資料』第 33 巻、61 頁。

　以上の記事から、ルーズベルトは日本の中国に対する外交が中国の内政干渉に異議があったが、日本の「朝鮮統治」について寺内正毅の成績を肯定したことが読み取れる。アメリカの 人類学者であった「お札博士」・フレデリック・スタール（Frederick Starr, 1858-1933）は筆記にその談話の一面を書いた。スタール博士の筆記によると、渋沢はその会談において韓国合併問題と寺内正毅を言及し、ある程度で寺内の韓国管轄について強い反対の態度を示した。しかしルーズベルトは韓国の情勢に関する驚くべき知識を持ち、渋沢の厳しい非難に対して寺内を弁護したことが分かる①。その後、寺内正毅はこの情報を知り、スタール博士を通じてルーズベルトに感謝の意を表したという。つまり渋沢はルーズベルトと日米関係について対話し、「二十一ヶ条」や韓国合併問題に対してアメリカの態度をたずねた。彼は自ら日本政府による韓国統治の遣り方に対して反論を加え、経済人の愛国主義及び平和主義を表明したが、ルーズベルトの反応を見ると、アメリカ政界関係者もおそらくルーズベルトと同じ態度をとると推測したと考えられる。すなわちアメリカは絶対的な経済の価値から日米関係を評価することよりも、日本政府の行為を考察する上でアメリカ自身の利益に即して適切に判断する。つまりこの段階において、アメリカは日本の東アジアにおけるリーダーシップを認めたと言えるであろう。

　1915 年 12 月 6 日に、すなわちルーズベルトと会見した三日後に、渋沢

---

①　Robert Oppettheim, *Anthropological Anti-Imperialism and Frederick Starr's Letter to Baron Ishii*, Regna Darnell, Frederic W. Gleach, Histories of Anthropology Annual, p.18. "Recently when Baron Shibusawa was in New York he met Mr. R［oosevelt］and Korea and Terauchi San were mentioned: the Baron spoke somewhat strongly against his administration, condemning his severity & c. Mr. Roosevelt entered into a defense and showed a surprising knowledge of Korean affairs and conditions. The Governor-General desires me to express his appreciation of (a) the interest Mr. Roosevelt has shown in Korean matters & his knowledge of them and (b) his good opinion of him and the work he has tried to do here, ［FSP B15 Japan-Korea 1915-16 NB6: 8-9］［Frederick Starr's Paper Box15 Japan-Korea 1915-16 Notebook6: pp.8-9, from Joseph Regenstein Library of University of Chicago］"

はウィルソン大統領にホワイトハウスにおいて謁見した。渋沢の伝記史料や日記などに、ウィルソン大統領との談話の内容について詳しく記録されていないが、会見の翌日のニューヨークタイムズの新聞記事からは、その内容の概要が分かる。つまり渋沢は通訳を通じて「アメリカは世界の平和を回復させる際に食付き部をとるべきである」①をウィルソン大統領に伝えた。

　渋沢は前回渡米中に日米共同出資による満洲・韓国開発に積極的に提唱した。しかし1910年の韓国合併や1911年の中国での辛亥革命によって誕生した"中華民国"などによって、日米間の東アジアおける利益衝突がじょじょに表面化された。そこで渋沢はウィルソンやアメリカの実業家たちに会うたびに、日米共同で中国を開発すること、また日米関係の障害になった排日問題について重ねて説いたが、新聞雑誌の記事から、アメリカ社会は日本のspokesmanであった渋沢の発言に疑問を持ったことがわかる。

　ニューヨークタイムズ1915年12月8日の記事「渋沢男爵によって提起された質問(Questions Raised by Baron Shibusawa)」②において、まず、なぜ日本はルーズベルトが日露戦争の調停役を果たしたのは日本から要請したことを日本国民に隠したという疑問を挙げた。次に、渋沢が演説で訴えかけた排日問題について、マスコミは日本がえた族を賤民扱いした人権における不平等待遇や、台湾植民地及び韓国人に対する人権を無視した行動などを列挙し、「日本人が立派に西洋による十分な平等的認識を与えること期待する前に、まず自国でそれらが西洋へ説教するものを実行するためにある努力するべきであるとこを日本に注意するのが公正でないでしょうか」③という日本自身の人種差別問題を訴えた。さらに渋沢は

---

①　*The New York Times*, December. 7th, 1914.

②　*The New York Times*, December. 8th, 1914.

③　　"Is it not fair to remind the Japanese that before they can honorably expect to receive the full recognition of their equality by the West they should make some effort to practice in their own country what they preach to the West", *The New York Times*, December. 8th, 1914.

演説で中国における日米共同開発を提唱する時、中国の鉱山開発を一例として挙げた。それに対して、「渋沢男爵は日本銀行家のリーダーである存在…（日米共同開発という発想は）金融界・銀行界に広まったら、同じ重要性が見られる。例えば我々（アメリカ人）が主権国家としての中国と取引したい時に、日本人をブローカーや仲介者として雇うのがより経済的であるか」①というように、渋沢の「下心」について質疑した。

　渋沢栄一が何十年もかけたこれらの活動が、全て不振だったとは限らない。1914年に新聞記者であった正岡猶一が東京で出版した英文書 *Japan's message to America*—a Symposium by Representative Japanese on Japan and American-Japanese Relations（日本のアメリカに贈るメッセージ）は、同年ニューヨークタイムズ②で紹介された。同書は35人の日本の有力者の対米認識を収録したもので、外交とも言える。その中で渋沢栄一は、大隈重信、金子堅太郎、後藤新平の次に紹介され、渋沢の日米交流の中の重要性は言うまでもない。しかし翌年に渋沢が三度目の渡米をした際に、「アメリカに贈るメッセージ」すなわち日米協力を全力で提唱するメッセージが、米のマスコミに疑いの目で見られたことは、渋沢自身も予想できなかったことであろう。もう一つの例を挙げてみると、アメリカ元議員であったセオドア・バートン（Theodore E. Burton, 1851-1929）は、1920年4月のニューヨークタイムズに連載した文章「日本と中国の顕著なリーダーたち（*Notable Leaders In Japan and China: The Truth About the Far East*）」において、渋沢の日米関係への貢献と人間像について次のように高く論評している。

---

①　"Baron Shibusawa is the leading banker of Japan. The above reasoning, applied to his experience as a mill owner. If extended to finance and banking, carries the same significance. When we desire to transact business with the sovereign State of China it will be more economical to employ Japanese as brokers or intermediaries! Is this the real meaning of Baron Shibusawa's message?", *The New York Times*, December 8th, 1914.

②　*The New York Times*, Oct. 4th, 1914.

彼(渋沢)は日本のJ.P.モルガンと呼ばれていた。彼の助言は計画された仕事の中で熱心に求められている。アメリカに対する友情に彼が最もの情熱を与える。彼のオフィスで二枚の上品な絹のフラグがある。それは日本と星条旗が向かい合うような形で置かれている。彼は日米間の協力の一貫した主張者であり、両国におけるアジアの大陸での共同投資を促した。(中略)先の9月に彼は朝10時から午後の5時まで、日米関係について熱心に議論し、また夜の8時に、夕食にも出席した。そこで、彼は若者のような元気と活力を表した。①

　この文章はセオドア・バートンが1919年に日本を訪問した時、9月15日、9月19日、10月1日において、渋沢と会見して得た印象を述べている。また彼は渋沢事務所に案内されたことによって、渋沢の仕事ぶりを観察できた。つまり渋沢はこの段階において、あらゆる面でアメリカ人と接触し、相互のコミュニケーションと理解を高めることに務めた。また彼は「排日問題」を中心に、アメリカの日本人に対する誤解を解くため、日米両国間に実業団の交流を行った経済人による民間的外交に尽力した。渋沢の働きもあって日米関係はある程度で緩和させた。

（四）1921年の渡米とハーディング大統領への謁見

　前文に述べたように、ウィルソン政府は「二十一ヶ条」に対して日米の

---

①　"He has been called the J. P. Morgan of Japan and his advice is eagerly sought in projected undertakings. Friendship for America is with him almost a passion. In his office there are two elegant silk flags, that of Japan and the Stars and stripes, placed one against the other. He has been a constant advocate of co-operation between Japan and the United States, and has urged joint investments on the continent of Asia. Thickset and broad shouldered, of a remarkable physique, his more than eighty years rest lightly upon him. Last September he earnestly discussed from 11 on morning until 5 in the afternoon the question of relations between the United States and Japan, and at 8 o'clock in the evening attended a dinner, where he display the freshness and vigor of a young man.", *The New York Times*, April 11th, 1920.

中国での利益を平等に受けることを求める態度を表した。1917年9月に
日米間で締結された「石井・ランシング協定」において、同政府は「門戸
開放」政策を再確認したうえ、日本の中国に対する「特殊地位」①を認め
た。さらに1919年1月に開会した「パリ講和会議」に、同政府は中国での
利益について日本と妥協する態度で引き続き維持した。このような行為
は共和党の強烈な不満を引き起こした。ウィルソン大統領の第二任期の
最後に共和党のインディアナ州議員ハリー・ニュー(Harry S. New)は、米
上院外交関係委員会の委員としてウィルソン大統領の対日政策に、「我々
の敵対者である日本帝国に我々の友人である中華民国を放棄した」②と公
然と疑問を呈した。その時に日米協会会長を務めた金子堅太郎や外相の
内田康哉などの政治家は相次いで渡米し、「排日移民」問題について交渉
をし、「カリフォルニアの問題について米国との交渉は重大な段階に入っ
ている」③と発言した。このように、常に「平和主義」を尊ぶアメリカ人に
すれば強硬な外交手段を用いた日本政府が、アメリカ人を怒らせたこと
を認めざるを得なかった。この影響も次の共和党出身のウォレン・ハー
ディング大統領に波及した。

　共和党がウィルソンの「ヴェルサイユ講和条約」を拒絶したため、ハー
ディング大統領は国務長官のヒューバートを首席全権にし、1921年11
月―1922年2月の間に「軍備縮小」が目的とするワシントン会議を開い
た。その時に排日移民問題が解決するどころか激化する一方で、日本国
内に「ワシントン会議に出席するべきではない」という反対の声もあっ
た。その中で、渋沢栄一はワシントン会議のオブザーバーとして、82歳
の高齢で第四回の渡米に毅然として出かけた。1915年の三回目の渡米

---

① 同注220、144頁。

② "President Wilson has surrendered our friend, the Republic of China, to our
antagonist, the Empire of Japan," *The New York Times*, September 28th, 1920.

③ "negotiations with the United States on California question are entering upon the
serious stage" *The New York Times*, September 28th, 1920.

前、日本では排日移民問題を原因として、「サンフランシスコ万博」への出展を中止するべきという反発があった。渋沢は日米間の衝突は誤解によって引き起こされているため、この時こそ出品して互いの誤解を取り除くチャンスであると主張し、一民間人として渡米した。1921年の渡米に対しても渋沢は同じような考えを持っていた。そして同年11月8日に、渋沢はハーディング大統領にホワイトハウスにおいて謁見し、日本国民として日米両国の親善の為に多年微力を尽くしたことを述べた①。

　渋沢雅英氏が指摘したように、日米間は誤解やゆがめる憶測に落ちやすい。渋沢栄一はアメリカに対して誤解を解くために尽力しただけではなく、日本国民に対しても、1922年1月30に東京に到着直後に、休みも取らずに渡米の経緯と見聞を口述し、2月10日から22日までの12日間に渡って、「四たび米国訪問」と題した体験談を『朝日新聞』に登載した。彼は今回渡米の目的について次のように語っている。

　　このたびの私のアメリカ訪問に対して八十の余になった渋沢の老人がアメリカに出かけるなと余計なおせっかいをすると批難するものがあるかも知れぬが、私としては今までの行かかりもあり、また国民の一人として奉公の責を全うしやうと其の微衷から年寄りの身をも顧みず出かけた訳である。(中略)欧州大戦の結果は政治的には固よりのこと経済的にも非常な変化革命を来したことであれば今後是等の国々と共に通商するには是非共戦後の実況を知れねばならぬまたそれを怠ると日本だけが取り残されることになるそれは余程用心せねばいけぬ②

　渋沢は続いて日米関係委員であった一人の民間人としてワシントン会

---

　①　『渋沢栄一伝記資料』第33巻、248頁。
　②　渋沢栄一述「四たび米国訪問(一)」、『朝日新聞・東京・朝刊』1922年2月10日(朝日新聞社・聞蔵Ⅱビジュアル)。

議に参加したものの、日本政府に依頼された訳ではないことを強調し、またワシントン会議の結果を次のように評価した。

　　四国協約は日英同盟を止めさせるものであると云うので日本人のうちには非難したが私はそれでも良いと思ふ今として日英同盟を継続せなければならぬことはない、只四国協約が愈決定する場合を目撃した時に日本全権の態度は私に感心できなかった(中略)華盛頓会議は見様では色々非難する点でもあらうが大体結果は現在の世界としてまた日本として満足して良からうと思ふ①

　さらに渋沢は今回の渡米の焦点であった排日問題の経緯を説明し、それに対する期待を述べた。

　　その時は民主党の大統領が共和党の大統領に更迭するかも知れぬと云う選挙の時で政治上どう云ふ変化が来るかも知れず従って出かけることも躊躇していた、所が昨年春になると<u>ハーディング大統領の椅子につき続いて軍縮会議を開くことを声明するやうな訳で亜米利加現政府の方針も決まり却々平和的であることが分かり</u>、加州問題を単に法律的にでなくお互いに実地をよく調べて融和するには最も好い時期だと思って②

　つまり、渋沢はワシントン会議の主催者であったハーディング大統領に平和の希望が託そうと考えた。しかし渋沢は米共和党が民主党よりずっと前から日本を競争相手あるいは敵対者として見ていたことを過少評

　　①　渋沢栄一述「四たび米国訪問(三)」、『朝日新聞・東京・朝刊』1922年2月14日(朝日新聞社・聞蔵Ⅱビジュアル)。
　　②　渋沢栄一述「四たび米国訪問(六)」、『朝日新聞・東京・朝刊』1922年2月17日(朝日新聞社・聞蔵Ⅱビジュアル)。

価し、むしろ逆に国民外交の日米関係に用いた役割を過度に楽観的に考えていたことが言えるだろう。そして1923年に、ハーディング大統領が急逝したため、副大統領のカルヴィン・クーリッジが大統領に昇格した。日米問題の要所の一つであった排日問題が急転直下悪化した。

第三節　対米交流の冷却期—クーリッジ大統領 とフーヴァー大統領

　渋沢栄一は20世紀に入ってから日米関係に尽力し、一人の民間人として20年間働き続けた。一方で、第一次世界大戦後に欧州の不況に伴って、「東欧南欧諸国ヨリ米国ニ渡来スル移民ノ数激増スル」①と共にアメリカの負担が日々に重くなりつつあった。アメリカにおいては、経済上だけではなく思想上や政治上においても、欧州移民問題に注目した。とりわけ「アメリカニズム」という国民統一の思潮がアメリカ全土に広まる欧州移民制限運動は、1921年に東南欧移民を制限する「比例制限法」あるいは「移民割当法」の制定に導いた。また加州を中心とする日本移民排斥思想が徐々にアメリカの東海岸に浸透し、排日の風潮の勢いが全米に広がった。このような背景に、1924年に選挙年を迎えた共和党は、「日米紳士協約」などを無視して、まず移民・帰化法改正を下院で提起した。その行動は、渋沢栄一の長年渡って国民外交で日米関係にかけた努力が水の泡になったことと同義であった。

　1924年4月14日に「排日案通過」の情報はサンフランシスコから日本に伝えた。同月17日の『大阪・朝日新聞』は、15日午後5時に、渋沢が米国の排日形勢を聞いて、「私も今日迄種々沢山な事業に携わって来たが、其中の主なるものの一つが日米問題だ、之れには相当頭も痛めたし費用も投じたがドウも今の処思わしくない事になった、之でも私も死んでも

---

① 同注220、409頁。

死切れぬ」①と涙を流しながら語った様子を報道した。また翌日、同紙は時の東京商業会議所の会頭、また日本商業会議所連合会会頭であった実業家藤山雷太の発言を次のように記した。

　　米国上下両院が日本人移民排斥案を斯く急転直下的に通過せいめようとは想像せなかった之は我が邦が国民外交を無視して独断的外交を為したが為めと自負心の深い米国人に対して少し強過ぎる言葉を打つけたが為めの結果である、国民外交の必要は特に民主的であることを以て誇りとする米国民に対して必要とするもので私も日米関係委員の一人として渋沢子等と共に及ばずながら努め来っているのであるが我邦政府はこうした民間のものが飛び出すことを以て好まぬ傾向がある、しかるに米国は日本の政府を以て本当に国民の声を代表するものと思わない、従ってその政府の外交方針に対して十分尊敬しない傾向がある(中略)これには今まで米国民をして誤解せしめた処の我が政府の独断的外交を打破し国民的外交に依って真に日本国民の心を米国民に知らしめることである元来日本国民は誤って伝えられているように好戦的ではなく平和を愛するのである特に世界の現在に於いては米国と共に世界平和を確保する責任を自覚しているのである又その責任があるのである②

　以上から分かるように、渋沢を初めとする国民外交に尽力した実業家は、「排日案通過」が日本政府の非有効外交、つまり自信過剰且つ強硬的な外交接触で、また国民外交の役割と重要性を無視する結果であることを指摘した。排日移民問題については、渋沢はその後の5月22日にアメ

---

　　①　「事業家の眼に映った排日問題─排日法案と財界の激動」、『大阪・朝日新聞』1924年4月17日。
　　②　「排日案通過と財界」、『東京朝日新聞』1924年4月18日。

リカの友人に電報を発信し、移民法立法の阻止に最後の努力をしたが、26日に同法が大統領クーリッジに裁可され、7月1日から実施されました。渋沢はこの大衝撃を受け、彼の対米交流活動は冷却期に突入した。

　その後渋沢は、1925年7月29日に米国大使エドガー・バンクロフトが軽井沢で亡くなったことに、クーリッジ大統領に哀悼の電文を発送した。また1926年にアメリカ・フロリダ州のハリケーン被害に、クーリッジ大統領及び同州知事ジョン・マーティンに対して、渋沢は日米関係委員会を代表して慰問の意思を伝えた。さらに1929年3月4日にハーバート・フーヴァーの大統領就任に祝電を発送しました。それ以降、渋沢は在任の米大統領にメッセージを送ることはなった。

　しかし渋沢は元大統領の家族と交流活動を途絶えさせることはなかった。1924年1月17日に、渋沢はルーズベルト夫人と息子を飛鳥山邸に招待し、午餐会を開いた。また1929年10月5日に、ウィルソン夫人エディス・ウィルソンを再び飛鳥山邸に招待し、午餐会を開いた。このように、渋沢はこの段階においてカルヴィン・クーリッジ大統領とハーバート・フーヴァーにメッセージを送り、また引き続き元大統領の家族と交流活動を行った。

おわりに

　以上のように、渋沢栄一は米大統領と交流することを通して、米財界だけではなく、日本においてと同様に政界にも彼の影響力を与えた。渋沢が大統領に会見したことが、アメリカの新聞紙とりわけワシントンポスト・ニューヨークタイムズなどに報道されたことで、大統領と名前を並べた渋沢は全米で知名度を上げたことに、一定的役割を果たした。また渋沢はアメリカに対する「国民外交」・「経済的民間外交」の推進役としも、日米関係に貢献したことを、米大統領との交流という一側面からより生き生きと理解できる。

第六章　渋沢栄一と日中関係—日中
合辦会社を例として

　「日中合辦会社」という理念は渋沢栄一が初めて提案したものではない
が、この事業に対する渋沢の積極的な姿勢を考察すれば、彼自身の経済
提携と共同開発についての思惑が反映されていたことが分かる。1913 年
(大正 2 年) 2 月、当時の中華民国国民党党首孫文は中日「両国の友情関係
と聯絡を促進する」①ため、また日本の中国への投資を求めるために来日
した。渋沢はその接待活動に積極的に参加し、孫文が東京に滞在した同
年 2 月 14 日から 3 月 5 日までの 20 日間に、前後 5 回彼と日中合辦会社に
ついて談議した。渋沢のその行動は彼が日中合辦会社の構想に渡って強
い自信があったことを表していた。のちに設立された中日興業公司は、
日本の中国に対する実業開発による投資を目的とし、日中間の商業貿易
関係を調和する親会社のような役割を担った。しかし宋教仁暗殺事件や
中国における南北対立による中国の政局不安が原因で、その合辦会社は
日本と袁世凱政府との提携に改まり、中日実業株式会社に改称された。
本章は渋沢の日中合辦会社をめぐる孫文との交流、及び 1914 年 (大正 3
年) に中国を訪問する時の演説などを通じて、渋沢の「経済提携」と「共同

---

　①　中国社会科学院近代史研究所、中国史研究所中華民国研究室、中山大学歴
学部孫文研究室、広東省社会科学院歴史研究室合同編纂『孫文全集』第三巻、中華書
局 1984 年 6 月、12 頁。「朱啓鈐宛て電報」

開発」という対外的経済理念の成立を確認する。さらにこの理念を実行するプロセスであった中日実業株式会社の創立と運営の状況について詳細に論述し、渋沢の対外思想が彼の予測通りに展開したのか、あるいはどのような要素の影響ないし制約を受けたのかについて論じる。そのことを通して、渋沢が一人の民間企業家として複雑な国際関係の中でどのように対外経済活動を行ったかについて検討する。

　前文に述べたとおり、渋沢栄一の対外経済論の核心的理念は彼の「道徳経済合一」論という対外的経済哲学に基づいている。すなわち相互に有益な開発とwin-winの関係を築くという理念である。辛亥革命以降、渋沢は孫文と共に中日興業公司を設立したことは、彼の中国に対する経済思想の実践でもあった。しかし渋沢のこの先見性に富む対外思想と行動が活発化する時期は、日露戦争後における日本外交の指導者の対華積極策への転向①、また政府側が積極的・主導的な対外拡張政策の実施が始まったころであった。そのため、この時期の渋沢の中国に対する経済思想と実践を客観的且つ公平な歴史認識による評価を行うことはより複雑になった。

　これまでの研究では、中日実業株式会社を論じたり、渋沢栄一と孫文を評価したりする論文・論著は以下の7部である。(1)野沢豊「民国初期の政治過程と日本の対華投資─とくに中日実業会社の設立をめぐって─」、東京教育大学文学部『歴史研究』、1-20、1958年3月(第16号)。(2)大石(嘉)演習組「中日実業株式会社設立のプロセスと活動─1910年代日本の中国進出の考察─」、東京大学大学院経済学セミナー(経友論集委員会)『経友論集』、1976年9月(第17号)。(3)彭沢周「中山先生と中国興業公司」、『中華民国建国史討論集』第一冊。(4)坂本雅子「対中投資機構の特質─東亜興業，中日実用の活動を中心として」、国家資本輸出研究会編『日本の資本輸出─対中借款の研究』多賀出版1986年、173頁(5)

---

①　入江昭『日本の外交』中央公論社1966、48頁参照。

李廷江『日本財界と近代中国——辛亥革命を中心に』、中国社会科学出版社、1994 年 3 月第 1 版(同書の日本語版は御茶の水書房より 2004 年 1 月に第 2 版を出版した。「民国期における日本財界と中国: 中国興業公司設立の考察」、『亜細亜大学国際関係紀要』)。(6)金東「王道と覇道―渋沢栄一の対華態度と交流に関する研究—」、華中師範大学博士論文、2011 年 6 月。(7)片桐庸夫「渋沢栄一と中国—その対中姿勢を中心として—」、『渋沢研究』15 号 2002 年 10 月／17 号 2004 年 10 月。

　前 3 者の論文は主に孫文の「実業興国」の観点から中国興業公司を評価したため、その設立の価値を完全に肯定した。日中の間で最初に創立されたこの日中合辦会社を、孫文は 1913 年に日本を訪問した際の最大の成果と認識していた。李廷江の著書『日本財界と近代中国—辛亥革命を中心に—』において、辛亥革命後に「日本は中国への影響力を強め、中国への経済進出を一層、加速した…1913 年に渋沢栄一をはじめとする日本資本家グループが孫文と合意を結んだ中国実業公司は、その中の典型的一例である。」それは「孫文の実業救国思想と日本財界の中国に対しての投資拡大ないし経済の浸透と互いに結合する産物である」。同社の「創立と改造の過程はちょうど日本財界が辛亥革命後で中国に対して大規模な経済拡張活動を行った一つの縮影である」①と指摘している。金東の博士論文「王道と覇道—渋沢栄一の対華態度と交流に関する研究—」は、「渋沢が提出した「忠恕」と「敬愛」の徳を持って中国と交流する外交思想及び彼が財界においての指導者の地位を利用し、積極的に日中間の民間外交を

---

①　李廷江『日本財界と近代中国—辛亥革命を中心に—』、中国社会科学出版社、1994 年 3 月第 1 版中国語版、270- 271 頁。日本語版(御茶の水書房 2004 年 1 月第 2 版、250-251 頁)では引用の部分に対して以下のように訂正した。「一九一二年二月一日、渋沢栄一は内務大臣の原敬を訪ね、中国への投資をめぐる話し合いの中で「東亜興業公司」の機能を強化する必要性を説いた。渋沢の意見は、財界の対中政策を代表するものであった。当時の日本では、いかにして対中進出を果たすか、いかにして対中政策を調整するかといったことが議論されていたが、財界の中では日中合弁企業を設立すべきだと提案する者が多く、渋沢もその一人であった。」

推進し、その外交理念を実行する試みは、日中二国間の関係を有効的に緩和ないし日本の中国に対する経済拡張への障害物を一掃する」、また「渋沢栄一の中国との関係も覇道式的な経済拡張を特徴としている」①と論じた。筆者は(1)〜(3)が主張する中国興業公司の設立は孫文が1913年に日本を訪問した「最大の成果」であったという論断には同意するが、上記の李廷江氏と金東氏の論述に対して賛成できない。渋沢の「相互に有益な開発とwin-winの関係を築く」という対外的理念と実践を、日本政府の対外拡張の政策と完全に同列に論じることはできない。渋沢の民間経済活動と日本政府の積極的な拡張ないし侵略行為を区別に考察すべきである。その具体的な活動を調査と分析を行う前に、先にレッテルを貼ってしまっては客観的結論が得られないからである。

　さらに中日実業株式会社設立前の日中合辦会社の沿革を考察してみよう。台湾銀行総務部調査課の『日支合辦事業ニ関スル調査書』(大正3年1月)によると、明治36年(1903年)12月に日本の資金を導入することで日中合辦株式会社に改組された商務印書館は、最初の合辦会社だといえる。同社は1903年から1914年までに10年間の合辦運営を経、日中双方ともほとんど同等の経済的利益を獲得した。しかし当初の投資連絡人と推測される三井洋行上海支店長山本条太郎や、合辦事業の実行に尽力した金港堂社長原亮三郎を含む日本側の投資者人数は17人までにのぼった時期もあったが②、会社の管理層は最後まで中国人に限ることが規定された。つまり会社の実権は夏瑞芳、高鳳池などの中国側の創立者たちに帰属していたのである。アヘン戦争以来、中国が半世紀あまりに西洋列強国による国家主権への侵犯を受け、国民経済ないし企業の発展も妨害を受けた。それらが原因でこの合辦事業は日中提携という互いに発展を求める

①　金東「王道と覇道─渋沢栄一の対華態度と交流に関する研究─」華中師範大学博士論文、2011年6月、18頁。

②　汪家熔『商務印書館及其他──汪家熔出版史研究文集』中国書籍出版社1998年10月第1版、22頁、33頁。

　良好な趣旨のもとで行われたとはいえ、中国側が慎重に行った様子がうかがえる。しかしそのような形は合資会社に近く、真の意味での「日中合辦」とは多少の違いがあった。当時日本側が「本邦ノ自衛上」による「商権ノ拡張トナリ中国ニ在リテハ産業ノ発達トナリ一挙両得」①という理想的な方法として日中合辦事業を重視したが、実際に「自国商権ノ拡張ト販路ノ開拓」を目的とし、中国の排外思想を緩和するため中国人名義において企業することを望んでいる。以後、上海に日中合辦会社が2件つまり上海絹絲製造株式会社(明治39年2月)と立大麺粉公司(明治40年7月に)が設立され、中国東北地方でも相次いで似たような会社が13件設立された②。

　その中の営口水道電気株式会社は、明治39年(1906年)11月15日に「清国営口ニ於ケル水道及ビ営口・牛家屯間電気鉄道敷設ヲ目的トシテ」③、日本側が渋沢栄一・馬越恭平・益田太郎・岩下清周・大田黒重五郎、中国側が呉錦堂・麦少彭等の日清両国人によって設立された。渋沢は明治39年11月から明治42年6月まで同社の相談役として尽力した。それは彼の中日合辦会社に対する初めての試みであった。同社は1934年満洲電業に合併されるまでの業績は良好であった④。そして大正2年(1913年)に渋沢は日本側の発起人総代として、中国側の有力者孫文と共に創立した中日実業株式会社はこれまでの合辦会社と異なって、「共同開

---

①　台湾銀行総務部調査課の『日支合辦事業ニ関スル調査書』大正3年1月、2頁。

②　鉄嶺において明治39年に満洲昌図株式会社、同43年に清和公司電燈局・清成元・華商軽鉄運輸公司が設立された。奉天において明治40年清和公司、同41年1月に潘陽馬車鉄道有限公司、同43年6月に本溪湖煤炭公司、また懿路及石頭溝炭山が設立された。長春において明治40年10月に日清燐寸会社が設立された。関東州において明治39年11月に営口水道電気株式会社、同40年に三泰油房、同41年1月に正隆銀行が設立された。また明治41年9月に鴨緑江採木公司が設立された。台湾銀行総務部調査課の『日支合辦事業ニ関スル調査書』大正3年1月、6-7頁。

③　『渋沢栄一伝記資料』第16巻、740頁。

④　同注251、14頁。

発、双利共栄」を出発点とする合辦事業であった。

　そこで、筆者は渋沢栄一が孫文と中国興業公司を設立し、及び同社の運営と発展を促進するため大正3年(1914年)に訪中した史実を整理する。そして渋沢の中国に対する経済的思想と実践を客観的に論評したいと考える。

第一節　渋沢栄一、孫文と中国興業公司

(一)

　渋沢栄一は中国と提携すること及び株式制の投資会社を設立することをずっと前から望んでいた。1911年10月に中国で辛亥革命が勃発した。翌年の正月に孫文は南京で中華民国臨時大総統に就任し、清朝皇帝はそのすぐ後に退位した。その後、孫文が指揮する南京臨時政府が財政危機に陥り、また西欧列強の支持をバックにしていた袁世凱が大総統の地位を望んだため、孫文は清皇帝退位後すぐの1912年2月に臨時大総統の地位を袁に譲った。孫文が翌年に「諸国政府と人民宛電報」で「余は共和の事業が落成した以来、意見の調和に尽力し、平和を維持する。故に袁世凱を総統の位に推薦する。全国統一を期待し、人民は早くて安心して暮らす幸福を享受することを願っている」[1]と発表したように、彼は誠実な愛国者として、地位を譲った後は袁世凱のリーダーシップを擁護した。例えば、1912年末に議会選挙が終幕に向かったとき、上海市『民権報』の新聞記者殷仲材、何海鳴などは、北洋の軍隊や警察の干渉を防ぐために国会歓迎団の成立を発起し、国会が北京以外の場所に自発的に開催することを提唱した。袁世凱はこれに対して非常な反感を持ち、国会を北京で開催することができるように、孫文が同団の解散を勧告するよう求め

---

① 同注246、『孫中山全集』第三巻、56頁。

た。孫文は快諾し、返電で「頼みを承諾する以上、余は当然機会を持って適切に知人に忠告し、以てご命に相応しい」①と述べた。同時に、孫文は中国の経済を発展させるため、袁世凱に自分が全国の鉄道建造を取り仕切ることを提案した。「十年以内に外資を利用して二十万里の鉄道を造ることを予定する」、「この策で実行すると中国が世界で最大の国になれる。ただ其の計算で必ず資本六十億を調達しなければ、始めてこの計画を遂行することができる」②とのことであった。

　渋沢栄一は孫文の意図について良く理解し、非常に尊敬していた。1912年に中国中央銀行を計画して建設する時、渋沢と孫文は間接的な連絡があった。日本の中国に対する投資活動は、日露戦争後から始まり、渋沢がかかわる東亜興業会社などの日本投資会社も創立した。しかしこれらの会社はただ日本の外国貿易会社というだけで、いかも肝心の中国での経済活動には多くの障害があった。もし中日間が会社を共同経営する形をとるならば、双方にとって有利であろうと考えた渋沢は、1913年初に日本の実業界と財界が政府の支持のもと、共に孫文を招待して訪日させたことは、恐らくこの方面からの考慮によるものであった。

（二）

　孫文は臨時大総統の職務を辞去した後、一心に実業強国を計画した。彼は日本の友人の援助を獲得することを願い、「旧友を訪問し、中日両国の親しく交際すること」③という追求から、日本を訪問する意思は強かった。1912年6月上旬に、孫は日本の駐中国領事に日本訪問の意を

---

①　同注246、『孫中山全集』第三巻、12頁。
②　郝盛潮編集『孫中山集外集補編』上海：上海人民出版社1994年7月第1版、96-97頁。
③　『民誼』第六号、広州1913年4月15日出版、3頁、「孫中山先生日本遊記」。

提示した①。しかしさまざまな原因で、なかなか日程が決まらなかった。孫文は日本の招待を受け、1913 年に 2 月 13 日から 3 月 22 日まで日本を訪問し、前後 40 日近く日本を巡回した。中国興業公司はこの 40 日の中に、渋沢の自発的な提案から始まり、そして彼が何度も孫文と協議し、創立に関する準備を検討した。

　渋沢の対外指導の理念と実践をより適切に考察するため、筆者は渋沢が孫文の訪日という機会をしっかりつかみ、孫文と頻繁に接触し、そして組織準備をした中日の協議による中国興業公司の共同経営の史実を整理した。以下はその表である。

表 4　孫文 1913 年訪日と日中合辦会社に関連する日程

日付(1913 年)	事　務
2 月 11 日	午後 2 時、孫文は個人の名義で馬君武、袁華選、何天炯、戴天仇(戴季陶)、宋耀如などの 5 人を率いて、「山城」号の汽船に乗って上海から出発する。埠頭には黄興、居正、張継、張静江、日本の領事有吉などの百数人が見送りに来ていた。
2 月 12 日	一行は午前 8 時に長崎に到着し、国民党東京支部、共和党支部の代表、中国の留学生の代表、中国駐長崎の領事、長崎市長代表と日本の友人の宮崎寅蔵及び新聞記者など約 30 人の出迎えを受けた
2 月 14 日	一行は下門司、下関を渡って、神戸を通じて横浜に到着し、道中熱烈な歓迎を受けた。当日夜 8 時に一行は東京の新橋駅に到着して、渋沢栄一が集めた 5、6 千人の盛大な歓迎を受けた。中国の日本留学生全員、日本財界の巨頭及び孫文の日本友人が主な出席者であり、渋沢栄一、頭山満、犬養毅、尾崎行雄、大倉喜八郎、山座円次郎、近藤廉平及び欧米、インドの各国人員も出席した。当日は東京の帝国旅館に宿泊。

―――――――――

　①　「駐広東赤塚領事致内田康哉外務大臣電」1912 年 6 月 19 日第 60 号、日本防衛研究所所蔵。

續表

日付(1913年)	事　務
2月15日	孫文は何天炯、戴天仇をつれて、日本の友人や重要な人物及び汪公使を訪問した。夜、渋沢は孫文に同伴して華族会館で催された日本東亜同文会館の歓迎会に参加した。孫文は同会で長編の講演を行った。
2月16日	孫文は袁華選、戴天仇と同行し、近衛公などの亡き友人の墓参りをし、夜に東京芝区に位置する紅葉館で犬養毅、寺尾享、頭山満などの友人と会見した。
2月17日	午前、渋沢栄一は孫文と東京帝国ホテルで面談し、時局と経済実業などの問題について討論を行い、中日合資実業公司の創立問題について初歩的な協議を始めた①。昼ごろに孫文は東邦協会が島八百松館で主催する午餐会に参加し、夜に渋沢らの同伴で、汪代表が主催する晩餐会に出席した。席上で孫文は「世界種簇之関係及中日二国提携必要之理」②と題する講演をした。
2月18日	夜、渋沢は孫文に同伴して日本郵船会社主催の招待会に出席し、孫文は即席の講演を行った。
2月20日	渋沢は日本大蔵省次官勝田主計、日本銀行総裁高橋是清及び山本条太郎などの政商界人士と日中合辦会社の問題について検討し、その夜に三井物産集会所で中国興業公司の第一回発起人大会を開いた。孫文、戴天仇などが出席した。日本側の出席者は渋沢栄一、山本条太郎、大倉喜八郎、安田善次郎、倉知鉄吉、益田孝などで、同会議で作成した日中両国の発起人名簿は次のようである。中国側：孫文、宋嘉樹、庞春城、王一亭、張静江、印錫璋、李平書、顧馨一、周金箴、朱葆三、沈縵雲。日本側：渋沢栄一、山本条太郎、大倉喜八郎、安田善次郎、倉知鉄吉、益田孝、三村君平、中橋徳五郎③。

①　同注258、127頁。
②　同注258。
③　『渋沢栄一伝記資料』別巻1「日記」、758-762頁。

續表

日付(1913年)	事　務
2月21日	昼12時、日中双方は渋沢栄一の事務所で三四時間の会談をした。主に日中合資の実業開発投資会社すなわち中国興業公司のより具体的な検討をし、会社の定款を一項目ずつ討論した。渋沢は同会社の創案を起草した。夜、渋沢は東京の生命保険協会会館で日本実業界の重要な人士百数人の参加する歓迎会を主催し、三菱の岩崎、大倉、浅野、古河、高田なども出席した。
2月25日	渋沢は同会社の創立案を大蔵省次官勝田主計に提出。
3月1日	渋沢は日本側人員会議を開き、同会社の創案を再び検討。
3月3日	渋沢は孫文などの中国側の人員と同創立案を一項目ずつ討論。

　表4からわかるように、孫文が訪日期間に渋沢栄一と何度も交流を行った。孫文は、東京で真っ先に行った3回の講演は全て中日の経済協力の願望を発表したものであった。2月15日に孫文は東亜同文会が催した歓迎会で、1時間20分に達する長編の講演を行った。彼は以下のように発言した。「余は過去20年間、日本に居住し、日本がまるで第二の故郷のようなのである。」両国の国民は同文同種、「中日両国の関係がこのように密接で」、「実に兄弟国である」。「東亜の大局を考慮するため、平和を維持することは実に中日両国の国民の義務である。兄弟の間は、己を知り相手を知らなければならないお互いに理解し、互いに助けるべきである。」① 2月17日の晩餐会で彼は「世界人種之関係及中日両国提携必要之理」②について講演を行い、2月18日の即席の講演で次のように述べた。「中国は大陸国で、必ず先に陸路運送に従事し、即ち鉄道が発達することである。こうしたら経済、政治、教育、軍事などを言う価値がある。」、「今後、東亜の最強の日本と東亜の最大の中国は、経済界において互いに

---

① 『渋沢栄一伝記資料』別巻1「日記」、258、2-3頁。
② 同注258。

協力し合い、互いに助けることを期待している、日本の維新は中国より早い、すべての経験を持っている。吾の国民は指導に頼る日がまだまだ長い。」①

　孫文の「経済界は相互提携し、相互扶助すべき」という思想は、渋沢栄一の対外における「共同開発、双利共栄」の理念と図らずも合致していた。渋沢はそのすぐのちの2月21日に、孫文のために開いた歓迎会の席で孫の提案に対して回答した。渋沢の講演の概要は、「実業が国家成立の本である」②、「実業の発展は・政治進歩のために必要なだけでなく、また実に人道の根本ためでもある」③であった。孫文もこの会で演説し、その概要は「先ほどの渋沢男爵の話」④に賛同し、「中国の古いことわざには、国は民を以て本とし、民は食を以て天とす…（中国の）実業が発達していない原因は、政治的障害があるからである。中国が受けている政治的障害には二つあり、一つは国内的な、一つは国際的な障害である。国内政治の弊害は、法律が良好ではなく、ちゃんと保護されていない点である。今革命は果たされ、この障害は徐々に除かれるだろう。国際政治の障害に至っては、中国がこれまで外国人と締結してきた条約が良くなく、主権を喪失した…もしこの2つの障害を除くことができ、そして欧米人や日本人が自由に新しい方法を中国に送り込んで、大陸の実業の発達をともに図れば、中国は門戸解放主義を実行することができるだろう。政治は国の境があるが、経済・実業に至っては国の境は存在せず…中日両国は同種同文であり、関係は極めて古く、深く今後の両国民の結合を望む」⑤であった。

---

　①　『渋沢栄一伝記資料』別巻1「日記」、258、3-4頁。
　②　同注258、5頁。
　③　同注246、『孫中山全集』第三巻、19頁。『竜門雑誌』第二百九十八号1913年3月。
　④　同注266。
　⑤　同注265。

　3月3日、渋沢らと孫文を含めた中国側の代表らは逐次この会社の草案
(計画書)について討論し、この交流活動を高めさせた。この討論は数回
に渡った基礎の上に進んだのであった。双方は会社の名称、性質、適用さ
れる法律、資本総額、総裁、職の数、および株式規模、本部の所在地、債
券発行などの問題について全面的に相談し、適用される法律問題に関し
て共通認識を得ることができなかったことを除けば、その他の問題は基
本的に共通認識を得た。会社の名称について、孫文は「China Exploitation
Co.」を使うのは不適当と考え、「developmentのほうが良い」①とし、渋沢
らに異議はなかった。会社の性質について、渋沢は「この会社は自分たち
の資金をもとに直接工業を起こし、鉱山を開き、運輸をしたり銀行を立
てたりなどのことをするのではなく、媒介として別の会社を組織するの
である」②とした。それについて、最初孫文はあまり理解していなかった
が、渋沢の説明を聞いたのちは、孫文も異議はなかった。双方は会社の資
本の最高額を「500万円、両国人はそれぞれ半分を持ち、まずそれぞれ」
その1/4にあたる62万5000円を納め、「株式大会の決議を通じて資本を
増加することができ」、「株券は記名式にして、理事の同意なく譲渡でき
る」ようにすることに同意した。「中日両国の株主の中から、大会で10人
の理事を選出し、監視4人は理事の中から一名を選んで総裁にし、副総
裁は一名、常務理事は二名」③と決められた。法律問題に関しては、日本
側は「集めた資本の多い方の国の法律に基づいて事を行うのが都合がよ
い」と考え、日本の法律に則ることを主張した。孫文は、「もし現在の中
国の法律に則るならば、内地に入って営業するのは容易である」、「なぜ

　　①　陳明訳「孫中山和中日合弁的中国興業公司」広東省文史研究館編『嶺南文
史』1990年第2期。『日本外交文書』大正2年第2巻「事項九：中国興業株式設立ノ
件」。
　　②　同注270。
　　③　同注270。

ならこれはいわゆる国家の主権問題であるからだ」①と考えた。双方がそれぞれの意見を持っていたため、法律の根拠に関する条項は結局書き込まれなかった。最後に渋沢は「余はこの件が実行されることを大いに待ち望みます」と表明した。孫文は「私はすぐにでも成ることを希望しますが、その通りに実行しないか、すこし実行を遅らせるかが良いかもしれません」②と表明し、多少の憂慮を示した。

　孫文が3月5日に東京から帰国する前夜、「発起人総代表」の身分であった渋沢栄一と「中国興業公司計画書」を発布した。これも渋沢栄一が孫文の来日という得難い機会をつかんで、中日が合作する中国興業公司の成功を促そうとしたことの二つに数えられるだろう。これも渋沢栄一の「共同開発、双利共栄」という対外経済思想の具体的体現である。

（三）

　孫文は帰国後、1913年4月3日に中国鉄路総公司事務所にて王寵恵・実業家王一亭・張静江・印錫章と日本側代表森恪らと、中国興業公司について計画した。孫文は「目下、各省の実業家は一度に会することは難しい…先に東京で話した第一次支払問題は、上海地区の実業家に負担させ、残りは私が捻出しよう。この意を森恪より東京に伝えてほしい。」③その後上海三井物産の店長藤瀬政次郎が渋沢に手紙を書き、孫文の意見を伝えた。

　日中共同の中国興業公司が一刻も早く正式に成立するのを促すため、渋沢は三井物産の藤瀬・上海正金銀行支店長児島謙次・高木陸郎・森恪を派遣し、1913年4月18日に上海の孫文を訪ねた。孫文と王寵恵は日本側と商議し、まずは日本の法律に従って会社を設立することに同意する

---

① 　同注270。
② 　同注270。
③ 　陳旭麓等編『孫中山集外集』上海人民出版社1990年7月第1版、84頁。

が、将来中国で法律が制定された時には、すぐに中国の法律に則って会社を運用する点を決定した。中国側は特に書面文書「創辦中国興業公司応適用中国法律之理由」を提出し、日本側に渡した①。そのほか、孫文はさらに森恪に二つの意見を提示した。二つは第一次支払資金の一部で、孫文が本来支払う45万円は「日本側が立て替えてくれること」②。二つ目は、「この会社が正式に成立するまで、中国側は孫文が全責任を負い、必要時は王寵恵を代理とすること」③である。『山本条太郎伝記』の記載によると、この件については山本の裁定後、ひとまず横浜正金銀行上海支店長児玉謙次が立て替えた。4月30日、孫文は藤瀬に、「中国興業公司が政局の影響を受けることを心配しておらず、われわれは15日以内に予定した出資金を正金銀行に振り込む。高木が承諾した条件ですぐに会社が設立されることを望む」④という電報を送った。

　その後、一刻も早く中国興業公司を成立させるため、渋沢は孫文に数回の手紙を出した。1913年7月28日に上海で「二次革命」を指揮し、正に当日広州に向かおうとしていた孫文は、渋沢栄一に一通の長文を書き送った。その大意は、(1)孫が「この会社は予定通り株とお金を納めることと規約を定めることは、ほとんど完成させました…実に感慨に堪えません」と聞いたこと。(2)会社が早期に成立するために、孫は中国側の意見と一切の文書を森恪に託して日本に運ばせ、「計画方法の一切」を森恪と渋沢諸士に任せ、加えて渋沢に代表して中国興業公司成立大会を開くよう請求した。当時中国は南北で戦いが始まっていたが、この状況は会社とは無関係である。この会社が一旦成立すれば、孫文が各省の都督に通告すること。商会は実業家が富むまで株を募集すること。(3)「以前執

①　同注257、131-132頁。『日本外交文書』、993-994頁。
②　同注275、208頁。『日本外交文書』992頁。
③　同注277。
④　陳明訳「孫中山和中日合弁的中国興業公司」広東省文史研究館編『嶺南文史』1990年第2期。『孫中山集外集補編』132頁。

事と商談して以来、私どもはこの会社を成立させ、すべては中日両国の実業における連絡を固めることにかかわっており、発達を図ることの念は、終始変わっておりません」①という点である。

　中国興業公司創立総会は8月11日に東京で正式に開かれた。会議に出席したのは渋沢栄一を含め、大倉喜八郎・中野武営・大橋新太郎・三村君平・山本条太郎・門野重九郎などであり、中国側は「二次革命」により誰も参加せず、孫文の委託を受けた森恪が代席した。この会に先んじた7月下旬、孫文は「慎重に選抜した6人を東京に遣わし、この会社の事務を設立することを協議したが、ちょうど上海で争いが起こったため、思い通りにならず…(ゆえに)森恪君に託して日本(東京)に戻らせ、私(孫文)らの代わりに執事と計画方法の一切を任せた。」②会議は渋沢栄一が取り仕切り、彼は会社の創立経過を回顧して事務報告をした。大会は渋沢栄一の指名を根拠に、中日共同の原則に照らし合わせて、倉知鉄吉・尾崎敬義・森恪(駐上海)・印錫章・王一亭・張人傑ら6人を理事に選出し、大橋新太郎と沈縵雲の二人が監査役になった。このほか、渋沢はこの会で自分はこの会社の理事になりたくないことを表明した。彼のこの言葉はおそらく「本会社の将来及び日支関係」に対して不利な状況を作り出したからだろう。理事会において、投票(孫文の委託を受けた渋沢栄一が中国の代表として投票)の結果、倉知鉄吉を副総裁、尾崎敬義・印錫章を常務理事に選出し、森恪は上海駐在にさせられた。そのほか、渋沢・大倉・山本ら十人は会社の顧問に選ばれた。この度の創立総会終了後、渋沢栄一はわざわざ孫文に手紙を書いた。この手紙の内容は以下の通りである。

　　本月十一日ヲ以テ東京商業会議所ニ於テ創立総会ヲ開キ、小生其議

　　①　陳明訳「孫中山和中日合弁的中国興業公司」広東省文史研究館編『嶺南文史』1990年第2期。『孫中山集外集補編』275、362頁。
　　②　同注275、363頁。「孫中山至渋沢栄一涵」。

長ト相成諸般ノ事務決了致シ、茲ニ初メテ中国興業公司ナル中華民国ト我国トノ合辨合資ノ一経済法人出生致候ハ、当春以来小生閣下ト共ニ拮据経営セシ結果トシテ、深ク閣下爾来格別ノ御高配ヲ感謝仕候、斯ク会社成立セシニ付テハ、向後ノ経営ハ当初予期ノ方針ニ従ヒ、両国経済界ノ聯絡ヲ充分ニ疏通シ、共同ノ幸福ヲ増進スルニ勉ムヘキハ勿論ニ候ヘ共、此際小生ノ切ニ□憾トスル所ハ、新会社ノ総裁ニ閣下ノ名ヲ見ルヲ得サルノ一事ニ有之候右ニ付テハ過日森恪君ニ小生ノ心事ヲ吐露シテ親シク閣下ノ賢慮ヲ請ヒシニ、閣下モ亦小生ト同一ノ御意志ニテ、森君ニ回示セラレタルニヨリ、総会当日ノ役員選挙ハ両国ノ重役ヲ各三名ニ止メテ他日ノ増員ヲ期シタル次第ニ候、然リ而シテ小生カ特ニ閣下ニ陳謝スル一事ハ、貴翰中ノ来示ニ閣下等本会社ノ設立ニ関シテハ常ニ日支両国実業上ノ連鎖ヲ鞏固ニシ、終始一頁其発達ヲ図ルヲ以テ本旨トスルカ故ニ、今回南北ノ戦況如何ニ拘ハラス本会社ハ毫モ之ニ関係ナク、閣下ヨリ本会社設立ノ趣旨目的ヲ貴国各番ノ都督及商業会議所其他ノ実業家等ニ通知シテ、其株式ヲ引受ケシメ、毫モ政争ノ繋累ヲ蒙ラシメスシテ広ク経済ノ共通ヲ企図セラレタルトノ事ハ、実ニ至公至平ニシテ真ニ憂国ノ衷情ヨリ発露セラレタルモノト、閣下ノ御厚意ニ感佩仕候、小生カ今日本会社設立ニ付テ種々ノ苦衷ヲ尽セシモ亦之レニ外ナラサル次第ニ有之候、回顧スレハ本年二月中旬、閣下カ日本ニ来遊セラレ、我国民ヨリ無限ノ同情ヲ以テ各地ニ歓迎セラレタルニ当リ、小生ハ閣下ノ此一遊ヲシテ無意味ニ終ラサラシメンコトヲ企図シテ、初メテ中日両国合辨会社設立ノ挙ヲ進言シ、今ヤ其ノ会社ノ創始ヲ見ルニ付ケテ閣下ト相見テ共ニ慶スルコトヲ得サルハ僅々半歳ノ日時ニ隔世ノ憾ヲ寓スルモノニシテ、実ニ桑滄ノ感ニ堪ヘサルナリ、然リト雖トモ、物極レハ必ス変スルハ天道ノ常径ナリ、曩キニ小生ハ閣下ニ忠言スルニ忍ノ一字ヲ以テス、而カモ今日ハ及フヘカラサルナリ、希クハ閣下自愛シテ蘇東坡ノ所謂信於久屈之中用於既足

　之後ノコトヲ、終ニ茲ミ閣下ノ健康ヲ祝シ、併セテ敬意ヲ表シ候①

　渋沢がこの手紙で強調した主旨は彼が1914年に訪中する目的と同じであり、われわれに次の5つの点を教えてくれる。(1)中国興業公司は渋沢が発起したこと。(2)会社の成立は渋沢と孫文が1913年春から8月に共同で努力した結果であったこと。(3)その後の会社の営業方針は「両国の経済界の関係を強めることで、共同の繁栄を目指して努力する」という最初に決められた通りであったこと。(4)残念ながら孫文は総裁に選ばれなかったが、渋沢は孫文の「公正無私」つまり公のために私を無くすという態度に敬服し、憂国憂民の偉大な人格が、二人を意気投合させた感があること。(5)孫文に対して、「二次革命」の失敗で気落ちしたり自暴自棄になったりせず、「信於久屈之中、用於既足之後(長い間縮こまっていても伸びをすることで、準備が整ったときに力が発揮できるようにしておく(出典は『嫁説(送張琥)』)」という蘇東坡のようであれ、と励ましたことである。この手紙は渋沢と孫文の第一次合作の小さな結晶とはいえ、中国興業公司の成立は2人の合作の二つの成果である。

第二節　渋沢の第三次訪中と中日実業株式会社

(一) 渋沢栄一の3次訪中の概要

　渋沢栄一は生涯3度中国を訪れた。1回目は慶応3年(1867)に徳川幕府のパリ万国博覧会視察団の一員として、初めて上海・香港に立ち寄り、「欧州列強の中国進出をまのあたりに見聞し、その脅威を痛切に感じた」②。当時徳川慶喜の弟がナポレオン3世の招きでパリ万国博覧会に向

---

①　『渋沢栄一伝記資料』第54巻、538-539頁。
②　同注43。

かい、27 歳の渋沢栄一は、一橋家の家臣としてフランスへ随行した。彼の才知は人より優れ、意気揚々としていた。その旅程の主要な力点はヨーロッパの優れたものを吸収することであり、どのように欧州の先進文明の前例をだしにして日本近代化(すなわちいわゆる「脱亜入欧」)を図るかであった①。

　2 回目は明治 10 年(1877 年)に中国政府と借款交渉するため、三井物産の益田孝と共に北京を訪れたときである。2 回目の訪中はわずか10 年後であるが、この10 年の間は渋沢にとって天地がひっくり返るような転換であった。彼は相前後して幕府の遺臣として明治新政府に起用され、民部省租税正及び大蔵権大丞という国家の財政を処理するという重要な官職に参入した。しかも明治 6 年(1873 年)に退官を決意し、全身全霊転身して近代実業を発展させた。明治 10 年前後の渋沢はすでに第一国立銀行・抄紙会社(後に王子製紙会社)などの近代的な事業を創立し、相当成熟した実業家になりつつあった。

　大正 3 年(1914 年)の訪中は第 3 度目で、彼の最後の訪中であると同時に唯一の比較的長期の訪問であった。渋沢は「 日中経済関係の増進には、中国の経済社会インフラ整備が急務と考え」、倉知鉄吉、尾崎敬義、高木陸郎などと図り、大正 2 年(1913 年)日本滞在中の孫文と会談し、中国興業株式会社を設立、相談役に就任した。またその秋に袁世凱の招請に応じて、渡華の準備をし始めた。その時すでに73 歳の高齢であった渋沢は、経営する兼帯実業は金融・紡績・鉄道・汽船・漁業・鋼鉄・ガス・電気・煉油・採鉱など多方面に渡り、事業は非常に盛んであった。日本財界の巨頭の訪中は自然と大注目とセンセーションを引き起こした。当然、同時に中国内外の各界から多くの根拠があったりなかったりする憶測も飛び交った。この度の目的は、渋沢栄一が大連で受けたインタビューがはっきり示しており、一つ目は孔子廟と孟子廟を参拝するという積年の

①　本書の第二章第一節を参照。

願いを叶えること、二つ目は中日実業会社の設立で、こちらは急務であった。その点について本節の第三点に詳しく説明する。また中国滞在中に渋沢は、袁世凱ほか中国政財界人と面談、中央銀行の設立、貨幣制度の改革、鉄道敷設など、中国経済の基盤整備のための提案を行った。

（二）渋沢栄一第三回目の訪中の主要な行程

　1914 年 4 月 25 日、渋沢栄一の三度目の訪中の前夜、中国興業公司は東京で株式大会を開いた。中国側の出席者は周金箴・孫葆三・印錫章ら有名な工商の名士であった。日本側は、渋沢栄一・倉知鉄吉・尾崎敬義・森恪・大橋新太郎・中島久万吉・中野武栄・浅野総一郎らで、合計 63 名の株主、株券 4240 枚であった。大会の主要な決議は3つあり、「（1）中日双方から一名ずつ取締役を増やすこと。（2）会社の名称を中日実業株式会社とすること。補欠と増員に関しては、中野武営が発議し、渋沢栄一の指名を通して相互に選らび、その結果中国側は、総裁楊士琦、専務取締役孫多森、取締役周金箴と李士偉、監察役胡宗瀛、日本側は、副総裁倉知鉄吉、専務取締役尾崎敬義、取締役森恪と中島久万吉、監査役大橋新太郎」と決まった。（3）「財産目録と営業状況を報告し」、「本期の利益を8911 圓 33 銭と計算し、その中の5714 圓 73 銭を創業費の埋め合わせにし、余剰の3196 圓 60 銭を後期決算に繰り越した」①。

　会議の6 日後である5 月 1 日、渋沢栄一は日本の実業界人士 11 人を率いて東京から中国を参観訪問した。東京新橋駅での見送りには法相の尾崎、東京市長阪谷、および数多くの実業家がいた。当日神戸から東洋汽船会社の「地洋丸」で中国への途についた。随行員には、渋沢栄一の嗣子渋沢武之助、明石照男、秘書増田明六、秘書木澤正道、医師辻井宗一、野口米次郎、堀江伝三郎、日本ビール株式有限会社社長馬越恭平、会社社員仲田慶三郎、東洋生命保険株式有限会社社長長尾高次郎、会社社員、友人

---

　①　同注43、『中国行』190-191 頁。上海『時報』1914 年 5 月 6 日第三面。

や親族などがいた①。

　5月6日、渋沢栄一一行は上海に到着して「実業視察の旅」を始め、6月
2日に大連から日本に戻るまでの28日間、上海、杭州、蘇州、南京、九江、
大冶、武漢、北京、天津、大連、旅順などの中国の大小11か所の都市を遊
歴し（図4を参照）、それぞれの場所で、中国政府の各級官員と実業界人士
の丁重な歓迎と厚遇を受けた。

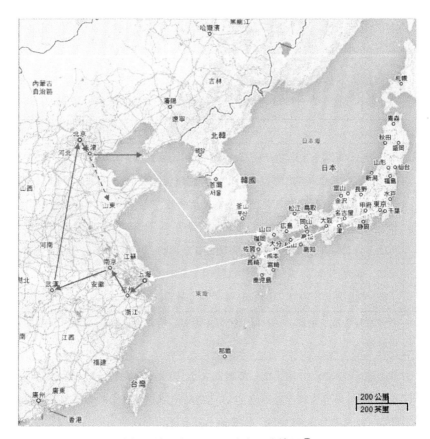

図4　渋沢栄一1914訪中の路線図②

---

　①　同注43、『中国行』13頁。
　②　参考資料：『渋沢栄一伝記資料』第32巻、『中国行』。いずれも大正3年
（1914年）、赤い表記の日付は到着の日を表す。

　紙幅の都合上詳細はこれ以上述べず、以下、渋沢栄一一行が訪問し、面
会した中国側の人士を表5に示し、彼らが中国で考察した事柄を抽出し
て整理し、この側面から彼の訪中の収穫と影響を理解したい。

　渋沢一行は中国で参観考察した主要な中身は、上海での歓迎会と講演
以外に、渋沢は中国書道を好んだため、上海の実業家王一亭は紗業公所
で渋沢らのために書画会を開き、「渋沢は白絹と画仙紙に草書を数幅揮っ
て記念とし、王君らも字画を揮って互いに送りあった」①。渋沢一行は上
海市の容貌を一覧し、「上海の風景は昔と一変し、目前の建物、電車、街
道、橋と自動車など、すべて昔にはなかった」と評した②。

表5　渋沢栄一 1914 年訪中の際に会見した中国側代表一覧③

地区	人　名
上海	伍廷芳、唐紹儀、上海鎮守使郑汝成、淞滬警察督弁薩鎮氷、上海观察使代理虞和甫、上海県知事洪伯言(賢)、上海総商会総理周金箴、同会協理貝潤生、朱葆三、盛宣怀代理沈仲礼・李維格・李経芳、交渉使楊、交渉公署職員卓璧如、何士果、秦谷臣、呉少華、鄭絲生、梁敬身、陳鎮東、中日実業公司管理官員孫多森、海軍总司令李承梅、海関監督施理卿、関炯之、王菘生、聶榕卿、孫羹梅、厳漁三、印錫章、鐘紫垣、袁静生、周翊生、陶蘭泉、王一亭、陳順夫、王子展、祝蘭舫、宋漢章、田資民、蘇均尚、顾磐一、温欽甫、虞洽卿等
杭州	浙江都督朱瑞、屈省長、朱舜水後裔朱輔基、杭州総商会総理顧、協理王和袁自受等。
蘇州	蘇州鎮守使殷鴻寿、陸軍第二師師長朱熙、蘇州交渉員楊士晟、水警第二庁庁長趙雲生、苏州警庁庁長孫翊、呉県知事杨懋卿、商務会長呉理果、副会長蔡廷恩、商務総会議董杭祖良、蘇紹柄、紳士尤先甲

---

①　上海『時報』1914 年 5 月 7 日第 1 枚の第 2 面、『中国行』59 頁。

②　上海『神州日報』1914 年 5 月 8 日第 2 面、『中国行』75 頁。

③　表5は『渋沢栄一伝記資料』、『1914 渋沢栄一中国行』、『中日實業株式會社三十年史』及び日本外交史料館蔵「日中実業会社関係雑纂」によって作成した。

續表

地区	人　名
南京	江苏省韓省長和江蘇都督馮国璋
武漢	鄂都督段芝貴、呂省長、鄂軍参謀長宋玉峰、実業司長陳希賢、交渉員胡翰宗、漢口総商会総理呉干庭、助理蘇善夫、夏口県王繼祥知事、租界会審委員侯祖畲局長、江漢関監督丁士源、官銭局督辦商佑緒、鎮守使杜、員警庁周
北京	中華民国大総統袁世凱、内務総長朱啓鈐、外交次長曹汝霖、司法兼農商部総長章宗祥、農商次長周家彦、商工局長陳介、交通次長兼路政局長葉恭綽、参事兼鉄路局総務課長権量、籌辦煤油鉱総裁熊希齢、平政院長汪大燮、印制局総裁梁启超、税務処督辦兼交通銀行総理梁士詒、中国銀行総裁湯睿、政治会議員李盛铎、北京商務総会総理馮麟霈、協理陶宝槙、中日実業公司総裁楊士琦、協董孫多森、農商部員王治昌、中日国民協会会長湯化竜等
天津	都督朱経田、内務司長呉子明、財政司長汪向叔、実業司長梁式重、交渉員王麟閣、都督副官張紹山、渤海観察使劉琴舫、参謀長陸秀山、員警庁長楊敬林、津海関監督徐指升、天津県知事王茋颬等

　杭州では西湖や霊隠寺などの名勝を遊覧した。渋沢の杭州訪問について、北京『順天日報』には、「湖山の風景を眺めただけでなく、朱舜水先生の故墓や遺物が日本で渋沢君によって保存されている。聞くところによると、杭州金衙庄に朱舜水の祠が建てられ、千里を遥々お越しになって、廟の様子を仰ぎ見、加えて浙江省の工芸と農業、漁業の実情を視察した」①と記されている。
　蘇州では呉県パナマ博覧会出品分会の陳列品展覧を参観し②、寒山寺、留園などの古跡を遊覧した。

①　北京『順天日報』1914 年 5 月 13 日第 9 面、同注 43、『中国行』65 頁。
②　同注 43『中国行』50-60 頁。

　湖北では、大冶鉄山の鉱産を実地調査し、翌日には漢口での歓迎会で大冶鉄山の鉱脈について意見を以下のように発した。「私はすでに2回中国を訪れ、このたびは上海から漢口にきて、道中各埠の商務が昔より一層栄えているのを見ました。石灰窑から大冶鉱場に向かって鉱脈を調査したが、質が良く量も多く、貴国の特産にすることができる。もしこれから同種同文同州として商務上心を合わせれば、我国と貴国の商務は必ずや進歩し、国交は日に日に今日異なるでしょう」①。武漢では、都督、省長と面会したほかに、多くの商会人士と会談し、漢陽鉄工場を視察した。その後、湖北実業会社長の陳希賢が紡績、織布(2か所)、模範工場、勧業場、および黄鶴楼(奥略楼)、抱冰堂などを案内した。武漢を離れる前日には、彼は在漢日本企業である東亜製粉会社の作山工場など各所を視察した。

　北京では袁世凱を訪問して会談をした。また特に中日実業会社総裁楊士琦と中日実業会社の重要な事務について長時間相談した。そのほか、国子監、雍和宮、頤和園、長城、北海、瀛台、そして大総統府を見学した。

　渋沢は訪問先で、中日の官、紳、商各界の人士に対する演説の要請を受け入れ、その主要な内容は、1つ目は今回の訪中は純粋に中日両国の実業経済の共栄事業のためであり、政治とは関係ないことを説明したこと；2つめは、「道徳経済合一説」という経済哲学思想を宣伝したこと；第三は、彼の対外対中経済思想は、中国、日本、世界の利益になる「合作開発、相利共栄」の理念であることを述べ、加えて訪問団の他の成員が発表した、その理念とは背反する観点を訂正したこと；第四は、この度の訪中で、彼はさらに中日実業会社が規範に合った健康的な軌道で発展することを望んだほかに、山東の孔子廟と孟子廟を訪問することを渇望していたことであった。孔孟の道という儒家学説は、彼が生涯崇拝した人生哲学であり、孔子廟と孟子廟に参拝へ行くことは、数十年来の彼の強い願望で

　①　上海『時事新報』1914年5月22日第3枚の第1面、同注43、『中国行』61頁。

あった。だが残念ながらにその時は体調がすぐれなかったため、山東行きを中止した。

（三）渋沢栄一の訪中の目的と収穫、そして対華経済合作思想の自述について

今回渋沢の訪中では、何度も様々な場所で彼の来中の目的、日中友好を表明していること、及び日中経済提携を望んでいることを述べた。1914年5月31日、渋沢栄一は大連で日本の新聞『満洲日日新聞』の記者から長時間にわたるインタビューを受け、この度の中国訪問の目的と収穫を系統だてた発言をした。中日実業会社の設立状況と宗旨、そして対華経済合作思想とその展望、これらもこの度の訪中の最高の結晶であった。このインタビューは「日支経済之接近」という題で、『満洲日日新聞』大正3年6月2日2377号第一版と第二版上に載せられ、全文は4000字近かった。このインタビューの中で、渋沢はこの度の訪中の目的を2つ述べている。

　　中国訪問の本意は山東の曲阜に於ける孔子の聖廟と済南府に在る孟子の廟とを参拝して多年の渇望を遂ぐるに在りしも旅程の都合に依り北京訪問を先にし聖廟参拝を後にしたるが…第二の要件たる中日実業公司の設立に関し北京諸大官と有数実業者と日本側資本主との意思疎通に就ては遺憾なく当初の素志を貫徹し来たれる①

中日実業会社創設の趣旨と目的について、彼は以下のように述べた。

　　本公司の事業は諸会社乃至銀行等の如くに今直ちに或る特殊の目的の為めに資本を投下して或る種の事業を経営すると云ふ本旨にあら

---

① 　同注43、『中国行』27頁。

　　ず要は日支の実業的経済的立場より見て両国間に有利と認めたる中
　　国の或る事業を営み又は其事業の成立と経営とを容易ならしめんと
　　するに在れば或る利権を獲得すべしとか利益を独占すべしとか言ふ
　　意思は毫末もあることなし元来本公司の前身たる中国興業公司なる
　　ものは当時全国鉄道全権たりし孫文氏来朝の際氏の提言に基きて日
　　支間に経済的実業的提携を遂げて以て天恵に富める中国の各種工業
　　を開拓するを唯一の目的として成れるもの…①

　臨時大統領袁世凱が日本へ派遣した孫宝琦と李盛鐸が渋沢に、孫文を
代表とする南方勢力と「関係を切って」袁世凱政府と合作して中日実業会
社を建てることを懇願されると渋沢はすぐ、

　　本公司は政治政策と全く没交渉にして純然たる実業本位の会社なれ
　　ば南に頼るも北に組するもそれは余の関知する所にあらず所詮中国
　　に於ける各種の事業を有効に而も健全に発達せしめて日支両国の経
　　済的親善を多々益々強固ならしむるに在れば政権の何人に帰するも
　　本事業の促進上何等支障なかるべしと答へ②

と表明した。
　孫文は二次革命が失敗したのち日本に逃れ、渋沢は思いかけず中国の
政変によって中日合辦会社の中断を目の当たりにしたため、迅速に事業
を始められるならば、袁世凱とも合作する用意がある意思を示した。彼
は以下のように述べた。

　　殊に経済に国境なく経済と実業とを目的として相互の利益増進に尽

---

①　同注 293。
②　同注 43、『中国行』28 頁。

すは当然の事なり況んや日支両国は二千年来の歴史的に離るべから
ざる密接の関係を為し同文同種の両国民にして風俗人情二つながら
接近し居る両国資本家に依て成立せんとする本事業の如きは政権の
何れに帰するを問ふの要なく中国全土中国全国民と日本との間に温
情相通ぜる経済的協力を実現するは列国に向ても何等憚る所なき道
理なれば公々然と期成的活運を続け以て今日に至れる次第なるが日
支の国際的関係動もすれば親善を缺くの虞れありたる等の事情より
延いて日本の実業家をすら忌避し且つ疑はんとする内情も見えたれ
ば何れ機を見て此の謬見を解かんことを期待し居れり①

　さらに渋沢は、「国民的経済聯絡」の形成経路は「外交的国際関係」と全
く異って、自ら形成し、かつ「不動不偏の性質」②があるため、日中両国の
経済関係もその特徴を持つことを主張し、国民間の経済と実業に対する
態度について、以下のように述べた。

　国民間に於ける経済実業両方面の提携も亦国際関係と別個の見地に
於て実業公司の成立を助け向後の発展を援けざるべからず要は相互
に国家を後に背負ひて実業本位資本本位の経綸を進むるに在り元よ
り本事業は国と国との異れる統治の下にある資本家の提携協同に成
れるものなれば場合に依りては国際関係を惹起することなきを保せ
ざるも国際的に利権を獲得するものとは自から其選を異にし…③

　以上のインタビュー記事からわかるように、渋沢の「外交的国際関係と
国民的経済連絡とは全然其経路を異にし経済上の脈絡は自から不動不偏
の性質を有することを鑑みざるべからず日支両国の経済的関係も亦此真

---

① 　同注296。
② 　同注296。
③ 　同注296。

理を出でざる」①という発言は今日のわれわれが読んでも意義があり、両
国の経済、外交関係ないし国際関係の対応に参考になる。いわば渋沢の
経済外交思想は当時すでに時代の前方を歩いていたと言うことができる
であろう。

（四）『満洲日日新聞』の評価から見た渋沢栄――の日本の対外
経済事業にたいする影響

　1914 年 5 月 31 日、渋沢一行は大連を訪れた。大連の日本語新聞『満洲
日日新聞』は「渋沢男爵を歓迎する」（2375 号第二版）という評論文章を載
せ、渋沢の日本実業界での巨大な貢献と日本政府に対する積極的な影響
に対して最高の評価を与えた。その概要は以下のようである。

　　渋沢男は明治実業界の大恩人、活如来なり、日本経済界の創造者、活
　　歴史なり識見の雄大は一世の思潮を動かすべく、人格の清高は当代
　　の師表と仰ぐに足れり過去四十年に於ける我帝国の商工上及び経済
　　界の経営施設は一として男爵の関係せざるなく、参与せざるなし、
　　実に我実業界は渋沢男を中心とし囲繞して発達し勃興せる□□、明
　　治の聖代、富豪鉅商を出すこと多しと雖も、所謂政商、虚業家の類に
　　して、官府に夤縁し、利益を壟断せしに過ぎず、男爵は此間に立ち卓
　　然として高く地歩を占め、無冠の大蔵大臣、布衣の農商務大臣たる
　　権威と声望とを有す、偉なりと謂ふべし…男爵の一言一行は政府を
　　動かし時代を宰す、満蒙多事の今日、減賃問題あり、満鉄問題あり、
　　大連海港問題あり、母国と満洲の関係、満洲と朝鮮の関係、更に大陸
　　経営、対支政策に及びて男爵の指教を請ふべきもの少なからず…②

---

①　同注 296。
②　同注 43、『中国行』22 頁。

このように、渋沢の日本工商実業界での地位と功績は満洲当地の新聞紙からも「卓絶した見識が一時代の思潮を影響した」と評判された。

第三節　中日実業株式会社の運営概要

中日実業株式会社は中日興業公司の創立すなわち大正 2 年(1913 年)8月から昭和 34 年(1945 年)の敗戦によって消息を断つまで、32 年にわたって運営した。『中日実業株式会社三十年史』(1943 年、以降『三十年史』と略称)の統計によれば、実際に営業報告書などの記録が残っているのは同書の編纂までの30 年間であった。

（一）事業活動の区分けと運営

同社の事業活動は下記の四期に区分けできる。第一期は中日興業公司の創立の大正 2 年(1913 年)8 月から大正 3 年(1914 年)4 月までである。すなわち会社の草創期にあたる。借款交渉は19 件を数え、確定できる金額は「日金一千百三十万圓、洋銀一千七百五万圓、規銀二百五十万圓」①に上がっている。

第二期は大正 3 年(1914 年)—大正 11 年(1922 年)である。『三十年史』の記録によると、この段階は会社の発展高騰期であり、事業内容が最も幅広く複雑であったという。同社の営業範囲は借款交渉、鉱山、工業、運輸、商業、金融、調査事業などを含め、実に親会社の役割を果たした。商談は83 件を超え、その内借款交渉が32 件であり、借款金額を除く営業総額が日金数千万圓、洋銀七千七百余万圓、銀二百十万余両であった。同期の運営事業を表 6 で整理する。

---

① 『中日実業株式会社三十年史』東京：中日実業 1943、134 頁。

表6 中日実業株式会社の第二期の運営事業一覧

事業	内　　容	
	会社名、事業項目	概　　要
借款交渉	長沙志記製錬廠借款	大正6年5月に成立、金額五万圓。
	上海福新第二製粉廠借款	大正7年2月に成立、金額二十五万圓。
	運通公司受託借款	大正10年5に月成立、財政部に対し、金額九万一千余弗。
	第一次河南受託借款	大正8年9月に成立、斉魯銀行に対し。
	第二次河南受託借款	大正9年12月に成立、東洋拓殖会社。
	交通部電話借款	大正7年10月25日に成立、同12年6月25日に、同14年11月4日に二度契約を延期。
	山東省実業借款	大正6年に成立、同7年9月に増額。
	電灯借款	大正3年から大正7年までに借款の成立が17件超。
	漢口造紙廠借款	大正8年11月に成立。
	韋明アンチモニー借款	大正7、8年に成立したが、契約が履行せず、大正13年1月13日に整理。
	直隷(京畿)水災借款	天津地方の水災に関し京畿水災河工善後事宜督弁熊希齢及び財政総長梁啓超に貸付、大正6年12月1日に成立。興銀、正金銀行、台銀、朝鮮銀行、第一銀行、三井銀行、三菱銀行、十五銀行、第百銀行、安田、大三の十一銀行が引き受ける。
	天津華新紡績公司借款	大正6年8月に成立、金額五十万圓、興銀、台湾銀行、朝鮮銀行が参与。
	申新紡績公司借款	大正6年4月に成立、金額四十万圓。
	開源炭鉱借款	大正7年に成立。

續表

事業	内　容	
	会社名、事業項目	概　要
調査	金属鉱山調査	大正 3 年から大正 8 年までに、調査員何十人を別々で派遣し、安徽省、吉林省、山東省、江蘇省、浙江省、山西省、陝西省、河南省、湖南省、湖北省、広東省、台湾にほぼ中国全土を回して金属鉱山と炭鉱の調査を行う。
	炭鉱調査	
	延長油田の調査	大正 2 年 8 月から。
	満蒙実業調査会	大正 4 年に設立。
鉱業	桃沖鐵山	大正 3 年 6 月から。
	大凸山炭鉱	安徽省懐寧県にあり、採炭搬出作業の難度が高いため放棄。
	餘干炭鉱	江西省饒州府管内楽平県にあり、鉱区不良のため放棄。
	柳江炭鉱	河北省冀東地区にある無煙炭鉱で大正 6 年 5 月の調査で不良と判断。
	鳳冠山煤鉱公司	現地不安のため、経営に当たらなかった。
	湖南省龍山アンチモニー鉱山	大正 7 年 11 月
運輸	東洋運鉱株式会社	大正 7 年 5 月に東洋製鐵株式会社と裕繁公司と共に設立され、主に桃沖鉄鉱の運輸に従事。
工業	東洋製鐵株式会社	大正 4 年から。
	長江硝子工業株式会社	大正 8 年 12 月に資本金百万圓で創立。
	東亜土木企業株式会社	大正 9 年 1 月に資本金五百万圓で同社を創立。
	中華電気製作所	大正 5 年に日中合辦で設立。
	中華電業株式会社	大正 7 年 12 月に中国興業株式会社と協約を締結して創立。
	中国棉業株式会社	大正 9 年に日中合辦の綿花栽培組合を創立。

續表

事業	内　　容	
	会社名、事業項目	概　　要
工業	東洋塩業株式会社	大正6年12月膠州湾塩田開設の許可を得、大正7年に設立。
	コークス製造事業	大正7年に井陘炭鉱の石炭の日本一手販売とコークス製造の権利を得て、張家口に設立する予定だが、現地不安定が原因で事業開始できなかった。
	東三省度量衡製作事業	大正7年に東京市守隋の依頼で同事業に尽力。
	圍場森林伐採事業	大正8年に調査で不良と判定し放棄。
	富寧造紙公司	大正7年に現地不安定で事業開始できなかった。
	中国工商株式会社	不況のため解散。
	礼豊洋行	大正11年2月中国工商会社とエル、レイボルド商館と合辦で設立。
金融	湖南中日銀行	日中合辦で、資本金は五百万圓、大正4年11月に設立。
ほか	東亜勧業株式会社	日中合辦で、大正8年に設立を決定。
	武漢聯絡電話工事	大正5年で落札、同6年5月8日に竣工。
	北京電話材料購納	大正5年3月に交通部が北京電話局の器械増設に要する材料購入の入札に参加、4月に落札。
	浦口土地組合	大正2年10月に三井物産、大倉商事、三菱、台湾銀行、東亜興業、日清汽船、中日実業の八社によって組合。

　第三期は大正11年(1922年)—昭和6年(1931年)である。周知のとおり、北洋政府の政局はきわめて不安定で、日本が加えた「二十一箇条」また山東の問題などが中国で強烈な排日運動を引き起こした。さらに第一次世界大戦後、日本自身の経済が不景気になり、中日実業株式会社の業務の発展は結局予想とおりに順調に行うことができなかった。大正11年

に高木陸郎が副総裁に就任以来、同社の社運が落ち、その時期の難問は借款未回収、利潤低下かつ事業量が膨大で管理しにくいというところであった。また高木が第一大戦中に段祺瑞政権と日本の間に締結された西原借款の中の参戦借款と兵器借款の整理を引き受けたことによって、その手数料三百三十四万円を同社の業績にするつもりであった。つついて彼は同社の会社整理に努力したが、退勢を挽回することができなかった。そこで渋沢は各方面と斡旋し、同社の回復に尽力した。それについて本節の第二点に詳しく説明する。

　第四期は昭和6年(1931年)―昭和20年(1945年)である。この時期で同社の事業重心は借款回収と事業整理にあった。そのため社内の事業には、桃沖鉱山、青島塩輸出事業、渤海湾漁撈事業、魯東電力公司などに限られた。しかも少数の事業を除いて、だんだん日本側の一方的な利益になるようになった。さらに昭和12年(1937年)7月7日の盧溝橋事件をきっかけに、同社は「これに対し未回収借款の整理を交渉したる所…電話借款、山東実業借款等は再び月賦償還を見るに至り…債権団の許可を得て、之を新生中国復興のために使用しつゝある」①と主張したが、実際に日本政府の中国開発及び日中提携についての新しい統制方式のもとに事業活動が再編され、「制約を蒙らざるを得なくなった」②という。再開した新事業はますます同社の「日中合辦」、「共同開発、双利共栄」の初志から離れ、特殊な存在として軍国主義者に利用された。

（二）渋沢の中日実業株式会社運営に関わる活動

　前述したように渋沢は中日実業株式会社の発起人であり、最後まで同社の相談役を務めていた。彼の同社の運営に関わる活動について表7で整理する。

---

① 『中日実業株式会社三十年史』東京：中日実業 1943、302、331 頁。
② 同注 302、331-332 頁。

表7　渋沢栄一の中日実業株式会社運営に関わる活動①

日　付		事業の内容
大正4年 (1915年)	3月31日	是月三十日、当会社取締役李士偉ノ来日ヲ機トシ、帝国ホテルニ於テ当会社晩餐会開カレ、栄一出席ス。是日栄一、李士偉ヲ飛鳥山邸ニ招キ、午餐会ヲ催ス。
	5月18日	是日、帝国ホテルニ於テ、当会社相談役会開カル。栄一出席シ、四月二十日北京ニ於テ開催サレタル当会社定時株主総会ニ列席セル副総裁倉知鉄吉ノ報告ヲ聴取ス。爾後栄一、当会社ニ赴キテ、副総裁倉知鉄吉、専務取締役尾崎敬義ト要談シ、又、当会社ノ諸会合ニ出席スル等、当会社ノタメ尽力ス。
	10月17日	是日、当会社主催、栄一渡米送別会、帝国ホテルニ開カレ、栄一出席ス。
大正5年 (1916年)	1月—12月	是年栄一、当会社副総裁倉知鉄吉等ト、屢々会談シ、又、相談役会ニ出席ス。
大正6年 (1917年)	1月8日	是日栄一、当会社副総裁倉知鉄吉ノ来訪ニ接シ、当会社ノ状況ニ関スル報告ヲ聴取ス。爾後、屢々同様来訪ニ接ス。
大正6年 (1917年)	12月2日	是日、当会社主催、中華民国人梁士詒歓迎晩餐会木挽町山口ニ開カレ、栄一出席ス。
大正7年 (1918年)	1月12日	是日栄一、当会社副総裁倉知鉄吉ノ訪問ニ接シ、当会社経営ニ関スル報告ヲ聴取ス。爾後亦、当会社ノタメ種々尽力ス。
	4月8日	是日、当会社主催、中華民国前総理唐紹儀招待晩餐会、帝国ホテルニ開カレ、栄一出席ス。
	5月2日	是日栄一、当会社総裁李士偉一行ヲ、飛鳥山邸ニ招キテ午餐会ヲ開ク。

① 『渋沢栄一伝記資料』第55巻、5-68頁。

續表

日　付		事業の内容
大正7年5月—大正9年2月		栄一、引続キ当会社経営ニツキ尽力ス。
大正9年 （1920年）	5月2日	是日栄一、当会社取締役周晋鑣一行ヲ、飛鳥山邸ニ招待シ、午餐会ヲ催ス。当日栄一病気ノタメ、阪谷芳郎代リテ接待ス。爾後ニ於テモ、栄一、当会社ノタメ、種々尽力ス。
大正11年 （1922年）	11月24日	是日、当会社臨時株主総会ニ於テ、高木陸郎、取締役ニ選任セラレ、総会終了後ノ取締役会ニ於テ、倉知鉄吉ニ代リ副総裁ニ推挙セラル。栄一、之ニ与ル。
大正12年 （1923年）	1月13日	是日及ビ二月二十四日、栄一、当会社副総裁高木陸郎ノ来訪ニ接シ、当会社経営ニ関シ要談ス。爾後亦、栄一、当会社ノタメ、尽力スル所少ナカラズ。
	12月27日	是日栄一、駐支公使芳沢謙吉ヨリ、当会社副総裁高木陸郎ノ北京ニ於ケル行動ニ対スル世上一部ノ誤解ヲ解キ、且ツ、公使トシテ同人ノ北京滞留ヲ切望スル旨ノ書翰ニ接ス。翌年四月十六日、栄一、返書ヲ送ル。
大正13年 （1924年）	5月15日	是日、東京銀行倶楽部ニ於テ、当会社相談役会開催セラル。栄一出席シテ、当会社設立ノ趣旨並ニ現状ヲ説明シテ、今後ノ経営方策ニ関シ種々協議ス。
	11月26日	是日付書翰ヲ以テ、栄一、当会社専務取締役ヨリ、中華民国ノ政局変動ト当会社総裁袁乃寛、専務取締役呂均等、中華民国側重役ノ立場ニ関シ、北京滞在中ノ当会社副総裁高木陸郎ノ報告ニ接ス。爾後数次ニ亘リ、中華民国ノ政変ト当会社トノ関係、特ニ参戦借款、兵器借款ノ処置等ニ関シ、同様報告ニ接ス。

續表

日　付		事業の内容
大正14年 （1925年）	2月4日	是ヨリ先、当会社副総裁高木陸郎、北京ニ於テ中華民国執政段祺瑞ト会見シ、当会社ノタメ参戦、兵器両借款問題ノ解決促進方ヲ要望シ、又、王正廷トモ会見シテ、政局安定ノタメ、外交総長就任ヲ勧奨スル所アリ。是日栄一、当会社書翰ニヨリ、右会見顛末ノ報告ニ接ス。
	9月30日	是ヨリ先、参戦、兵器両借款ノ整理問題ニ対シテハ、中華民国世論ノ反対激烈ヲ極メタルモ、当会社ニ於テ、同国政府当局ト交渉ヲ重ネタル結果、是月ニ至リ、漸ク解決ヲ見タルニツキ、十六日、当会社副総裁高木陸郎、取締役江藤豊二ハ、執政段祺瑞ヲ訪ヒテ謝意ヲ表ス。是日栄一、当会社書翰ニヨリ、右ニ関スル報告ニ接ス。
大正15年 （1926年）	4月1日	是ヨリ先、中華民国ニ於ケル相踵グ動乱ノ影響ニヨリ、当会社ノ業績不振ニ陥ル。是年一月二十二日及ビ三月五日、栄一、当会社副総裁高木陸郎ノ来訪ニ接シ、其状況報告ヲ聴取ス。 是日、東京銀行集会所ニ於テ、当会社ノ根本的整理ニ関スル相談役会開カル。栄一出席シテ、之ガ協議ヲナシ、次イデ六日、相談役郷誠之助ト共ニ、大蔵次官田健治郎ヲ訪ヒ、当会社ノ沿革及ビ現状ヲ説明シテ、参戦、兵器両借款取立ニ対スル当会社ノ代行手数料収受ニ関シ、政府当局ノ善処方ヲ懇請ス。
	5月31日	是日栄一、当会社定時株主総会ニ出席ノタメ来日セル、専務取締役呂均ヲ飛鳥山邸ニ招待シテ、午餐会ヲ開ク。 右総会ハ、是月二十九日、日本工業倶楽部ニ於テ開カレ、取締役改選ノ結果、袁乃寛、高木陸郎、呂均等八名当選シ、総会終了後ノ取締役会ニ於テ、呂均、専務取締役ニ互選セラル。
	6月29日	是日、日本工業倶楽部ニ於テ、当会社相談役会開カル。栄一出席シ、当会社整理案ニ関シテ協議ヲナス。
	8月19日	是日栄一、当会社副総裁高木陸郎ニ書翰ヲ送リ、当会社ノ経営上ニ関シ、駐支公使芳沢謙吉トノ会談ニツキ打合セヲナス。

續表

日　付		事業の内容
昭和6年 (1931年)	6月26日	是ヨリ先、当会社ノ中華民国政府ニ対スル電話借款ノ利払資源トシテ、同政府ハ、吉長鉄路ノ収益ヲ以テ之ニ充ツベキコトヲ約セシモ、実行セラレザルニツキ、当会社ハ、該鉄路ノ経営受託者タル南満洲鉄道株式会社ニ対シ、之ガ取立方ヲ要望シ、是日栄一、同会社総裁内田康哉以下首脳者ヲ、東京銀行倶楽部ニ招キテ種々懇談スルトコロアリ、次イデ七月二日、外務大臣幣原喜重郎ニ書翰ヲ送リテ、コノ間ノ斡旋ヲ依頼ス。

第四節　渋沢の中日実業株式会社設立関与に対する評価

　一部の歴史研究者は、渋沢をトップとする日本実業界が孫文らと連合して設立した中日最初の合辦会社、中国興業公司の発起は、日本政府が推し進めた対中経済拡張への奉仕であったと見做している。この問題は複雑であり、一言で論じられるものではない。筆者は史実の整理と分析を通して、渋沢と日本政府は分けるべきであり、渋沢と日本のその他の企業家の対外経済思想との差異についても、具体的に分析するべきであると考える。

　1.日本政府が明治維新以後対外拡張政策を採った点、とりわけ日清戦争で実行した大陸政策を貫いたことに、疑いの余地はない。今回の日本政府の積極的支持と日本実業界と孫文が合作して中日合同の中国興業公司の設立を指導したのも、やはり対華経済拡張の企みがあったことは間違いない。

　2.「共同開発、双利双栄」は渋沢の対外経済思想の核心であり、この思想は渋沢自身が打ち立てた「論語と算盤」道徳経済合一説の哲学価値の基

礎の上に成り立っていた。彼のこの対外経済思想も一貫したものであった。たとえば中国興業公司を設置するとき、渋沢栄一は何度も「余はこの件が実行されることを強く望む。数日前に強調したのは、決して勧告の意味ではない。余が切に求めているのは利益ではなく、不慮の出来事がおこらないように、完全に両国の事業のことを考えている以上、我々はこの事業に邁進すべきである。孫先生も必ずそのように意気込んでいる」①と強調した。渋沢栄一はやはり国家主義者であり人道主義者であった。彼は孫文と合作について討論したとき、何度も実業は国家成立の本であり、実業の発展は、政治進歩に必要なだけではなく、人の道の根本であるため、実業の進歩発展は国境によって分けられるものではないと表明した。

　3.渋沢栄一と日本のその他の実業家と区別して、具体的な問題を具体的に分析するべきである。彼自身も「余等日本の経済界に多少知られたる者の真意は決して去る意志を懐けるものに非らず」②と述べたように、渋沢の公益的な一面を表している。たとえば、三井財団の責任者益田孝は、渋沢と同様に日本の著名な実業家であり、同様に中日が共同した中国興業公司の日本側代表であったが、彼は渋沢栄一の対華経済思想とは大きく異なっていた。たとえば彼は中国興業公司がどの国の法律に則って運用するか相談した時、多く出資した方の国の法律に則るべきだという意見を堅持し、日本側が多く出資したことを理由に絶対に日本の法律を用いようとし、中国側の利益を顧みなかった。しかし渋沢栄一はそうではなかった。もちろん彼も中国興業公司の組織を始めた時は日本の法律に則ることに賛同したとはいえ、それは彼が当時の中国にはまだ共同して企業を作る法律が制定されていないと考えていたためであり、のちに孫文との間に、目下中国にはまだこの方面の法律が制定されていない

①　『渋沢栄一伝記資料』第 55 巻、257、127 頁。
②　同注 43、『中国行』28 頁。

ため、中国興業公司は日本の法律に則って運用するが、一旦中国に中国国内外との合資による起業に関する法律が出たのちは、即刻中国の法律に改める、という共通認識を得た。渋沢栄一は「共同開発、双利共栄」の対外経済思想に基づいて、現実から出発し、双方の権益をも顧みながら対外経済合作を展開したのである。

　4.渋沢栄一が日本政界と関係を持っていたことは、日本政府の外国に対する侵略拡張政策を支持していたことにはならない。確かに渋沢栄一と日本政府には関係があった。しかし関係はそれほど深いものではなかった。筆者はその原因を、(1)渋沢はかつて大蔵省で次長の要職を経験し、日本の政界と人脈が深かったこと。(2)渋沢は政界を離れて商界に入った後、事業を発展させるためには、政界人士の支持と援助を必要としていたこと。(3)それぞれの具体的な実業運用の中で、大規模な、特に対外実業計画については、日本政府の理解と支持が必須であったこと、の三つが挙げる。そもそも近代日本の社会において、政府と企業の関係は緊密であった。たとえば中国興業公司の組織過程において、渋沢は日本側財界の総代表として、中日双方が中国興業公司の設立について協議した事情を大蔵省次官に報告し、さらに大蔵省の意見を聴取することは合理的な業務であると考えていた。日本政府側にはおそらく対華経済拡張の企みがあったと思われるが、渋沢側には陰謀や拡張論はなかったはずである。世界が資本主義に突入した段階では、資本は実体経済組織を通して別の国に入り、合資ないし単独資本で実業活動に従事していくのは正常な経済行為であり、一概に経済拡張や経済侵略と認識することはできない。資本を導入した国の主権が独立しているか、完備しているかは、もしその国が消滅したり独立していなかったり完備していなかったりすれば、経済拡張や経済侵略を受けたといえるだろうが、もし国家主権が独立し、完備していれば、経済拡張や経済侵略ということは存在しないのである。世界経済が一体化し始めたこの時期においても、この道理は当てはまるのであり、カギとなるのは国家の主権の有無である。孫文はこ

の道理をよく理解していたため、彼は益田孝と中国興行会社が則る法律の問題については真っ向から論争し、決して譲歩しなかったのである。

　5.中日共同の中国興業公司は成立したとはいえ、その後の発展は大成功とはいえず、様々な理由で顕著な業績を上げなかった。それでも同社は日中双方の経済の発展に貢献した。この点については否定できない。例えば同社の事業の中で四割以上を占めした借款交渉は、日本の投資者に対華投資のチャンスを与え、中国側もその資金で電灯の普及(電灯借款)や水災の救助(直隷／京畿水災借款)などの実行に用いられたが、政局不安定、経営不振などの原因で償還できない場合は、とりわけ鉱山の採掘権(開源炭鉱借款)や鉄路貨捐、地方税収入など(山東省実業借款)を担保としていた借款にたいして、資金の償還の代わりに鉱産資源や税金を代価にしていため、中国にとって多少の権力喪失を伴っていた。特に渋沢栄一が1931年に逝去して以降、同社は日本の軍国主義に利用され、確かに中国の利益を損壊させたことがあった点は明確に認識すべきであるが、これは渋沢の初志ではなかった。同様に渋沢栄一の「共同開発、双利共栄」という対外経済思想と彼の高尚な品性と経営の才能、そして影響力は、日本経済繁栄に巨大な貢献をし、中国の経済発展にも役割を果たした。

第Ⅲ部　晩年における国際感覚の進化とその影響

第七章　渋沢栄一の対外姿勢—『論語と算盤』、『論語講義』を手がかりに

　日露戦争後、日本社会の不安定化問題を「国民道徳」教育の強化で解決しようとする運動が起こった。このような背景の中で渋沢栄一をはじめとする実業家や学者たちは道徳、宗教、諸思想の研究、相互理解を目指した「帰一協会」という団体を創立した。会員には浮田和民、森村市左衛門、新渡戸稲造、井上哲次郎などの宗教界、政財界、学界の有力者が集まった。帰一協会の活動は「明治維新を経て近代化をなしとげた日本の指導者層が、新時代を率いるにふさわしい理念を模索していたさまが現れている」①。宗教や道徳の問題以外にも、「社会、経済、政治問題」「国際並に人道問題」を研究対象に掲げた。渋沢は1916年に『論語と算盤』、1925年に『論語講義』を刊行し、儒教思想の啓蒙運動を積極化した。一方で彼は「対米民間外交」という新しい国際関係が実行されていった最中にあって、「国際道徳」や「世界平和」についても論議していた。

　渋沢栄一の対外姿勢を取り上げるには、彼の提唱する「道徳経済合一」、すなわち『論語と算盤』を考察し、その本に収録される講演の経緯と背景を追究しなければならない。つまり渋沢は20世紀初期に行った講演で、ことあるごとに彼自身の人生観や処世論を表現しただけではなく、彼

---

　①　『渋沢栄一伝記資料』第55巻、48。

の対外姿勢も明白に反映していた。こうして渋沢が大正 5 年(1916 年)に実業界の第一線から引退したのち、「経済と道徳の一致」、「資本と労働の調和」、「細民救恤手段の統一」の三事業①に投身し尽力するようになった。

　これまで『論語と算盤』、『論語講義』、『青淵百話』に関する研究は、ほとんど渋沢の「道徳経済合一」論をめぐるものや、彼の儒学教養に対する解釈であった。例えば、土屋喬雄の「道徳経済合一説」(『別冊中央公論 経営問題』1965 年 3 月 4(1))、坂本慎一の「渋沢栄一『論語講義』の儒学的分析：晩年渋沢の儒学思想と朱子学、陽明学、徂徠学、水戸学との比較」(『経済学雑誌』100(2), 1999 年 9 月)などが代表的である。それに関連する帰一協会と渋沢の活動の研究においては、中嶌邦の「帰一協会小考」(1)(2)(『日本女子大学紀要』36, 37 号 1986 年)は帰一協会の成立と活動について詳細的に考察し、渋沢栄一を初めとする有識者たちが思想啓蒙活動を行う経緯と当時の国際情勢について紹介した。島田昌和の「経営者における道徳と宗教—渋沢栄一と帰一協会—」(『経営論集』第 17 巻第 1 号 2007 年)は「第一次大戦勃発による文明の発達と道徳の乖離という、渋沢が感じた大きな社会的な危機を乗り越える重要な糸口として、渋沢自身の思想や理念を考察する上で帰一協会での活動と渋沢の受けた影響」②を分析した。そのほかGeorge M. Oshiro. *Shibusawa Eiichi and Christian Internationalization ： An Exploratory Case Study of a Prewar Elite's Attitude and Activities Regarding Select Aspects of the Inetrnational Christian Movement in Early Twentieth Century Japan*(大城ジョージ「キリスト教による国際化と渋沢栄一—20 世紀初期の国際キリスト教運動に対する戦前日本エリートの思想と活動—(英文)」『渋沢研究』創刊号 1990)は渋沢とキリスト教の交流を

---

　① 「老後の三事業」、『時事新報』1918 年 1 月 1 日、『竜門雑誌』第 357 号に再録、1918 年 2 月。島田昌和、「経営者における道徳と宗教—渋沢栄一と帰一協会—」、『経営論集』第 17 巻第 1 号、2007 年、7 頁。
　② 島田昌和「経営者における道徳と宗教—渋沢栄一と帰一協会—」、『経営論集』第 17 巻第 1 号、2007 年、7-8 頁。

論じた。しかし渋沢の対外姿勢、とりわけ20世紀初期の世界情勢の変化を意識したから彼の対外的活動の動向を全面的に考察した課題は多くない。

　そこで、本章は渋沢栄一の「帰一協会」との協働について考察し、彼の対外姿勢はどのように「道徳経済合一説」に関連しているのかを明らかにする。また『論語と算盤』と『論語講義』から渋沢の対外姿勢を論じる。

第一節　「帰一協会」との協働について

　日清、日露両戦争後の日本は勝利により国際的な地位が上昇し、資本主義もますます発達した。二十世紀初期の12年間に日本政府には桂内閣と西園寺内閣が交互に執政し、「戦後経営」という拡張政策を実行した。民間において生活の大変化と思想の混乱が出現し、個人主義や功利的思想も台頭している。その中で第2次桂内閣が明治41年(1908年)10月13日に「戊申詔書」を発布し、その風潮の矯正及び国民に勤倹節約と国体尊重を期待した。民衆の思想動向においては、日本が日露戦争の賠償金を受け取れず、また戦費拡大に伴う増税のため民間の不満が高まり、日比谷焼討ち事件のような街頭での騒擾が起きた。それと同時に大正デモクラシーの幕が開いた。さらに1911年に「大逆事件」という社会主義思潮への弾圧が起き、民衆思想状況の不安さと混乱さが増していた。

　帰一協会はこのような時代背景の中、明治45年(1912年)6月20日に東京で創立した。同協会の成立は同年2月に内務省より開催された「三教会同」は、神道、仏教、キリスト教の代表者に対する国民道徳の振興のために三教協力を要望したが、今回はそれ一歩進めて思想統一を図ったが①、その発起は実際に明治44年(1911年)夏から始まり、創立段階から

①　『大阪毎日新聞』、中嶌邦「帰一協会小考」(1)『日本女子大学紀要』36号 1986年、54頁。

単なる国内向けの思想団体ではなく、日本内外の有識者を集めた国際的
な集団であった。

　まずは発起人 12 名の中で渋沢栄一、森村市左衛門のような実業家がお
り、成瀬仁蔵、姉崎正治、原田助のようなキリスト教神学者、宗教学者、
中島力造のような倫理学者、松本亦太郎のような心理学者、井上哲次郎、
浮田和民、桑本厳翼のような哲学学者、さらにシドニー、ギューリック
(Sidney Lewis Gulick, 1860-1945 年)のようなアメリカの神学者も含まれ
ていた。

　次に同協会は外国との交流を重視した。渋沢は明治四十五年(1912 年)
4 月 11 日に開催した現代思想界講究に関する集会において、東西両洋文
明の関係は単なる国際問題にもかかわらず、宗教と道徳主義の問題と関
係していると述べ、外国との連絡について主張した①。また姉崎正治は
帰一協会の名称の由来を言及するとき、協会の成立は当時に国際問題を
扱う国際聯盟協会に啓発されたこともあったと述べた。② 協会は特定問
題に関する委員会を成立し、とりわけ第一次世界大戦の戦時下に当たる
国民道徳標準を確定するために設けられた「時局問題研究委員会」が「世
界ノ平和ヲ擁護シ、国際ノ道徳ヲ尊重シ、人類共存ノ道ヲ全カラシムベ
シ」③と宣言した。そのほか、協会は大正 5 年(1914 年)9 月から『帰一協
会叢書』を出版し、第一次世界大戦前後を中心に思想啓蒙的活動を展開し
た。それと同時に、渋沢や中島力造など協会幹事の努力もあって、「帰一
協会 The Association Concordia」の結成は、アメリカやイギリスでの協会の
趣旨を賛成する知識人たちの注目を呼び、英米両国において帰一協会の

①　『渋沢栄一伝記資料』第 46 巻、407 頁。
②　「姉崎正治談話筆記」、『渋沢栄一伝記資料』第 46 巻、415 頁。
③　『帰一協会会報』7 号、中嶋邦「帰一協会小考」(2)、『日本女子大学紀要』37
号 1986 年、54 頁。

姉妹会が相次いで設立された。しかし一次大戦終戦に従って、協会の海外活動が段々少なくなった①。

　第三に、同協会の研究要目には国際関係と国際道徳の研究が含まれた。協会の研究問題の要目は(1)信仰問題(2)風教問題(3)社会、経済、政治問題(4)国際並に人道問題に大きく四つに分けられ、「国際関係と国民間の精神交通」と「国際関係と経済問題並に国際」という二つの課題があった。実際に開催した例会では、講演のテーマは宗教、論理、道徳問題だけではなく、日本と世界の思潮動向や外国の見聞なども含まれた。例えば協会の創立から五年にわたって行われた講演は、新渡戸稲造の「米国ノ宗教的視察」、成瀬仁蔵の「欧米旅行報告」、添田寿一の「米国ニ関スル談話」、渋沢栄一の「中国旅行談」、綱島佳吉の「加州に於ける排日問題」、上田万年「日米国交親善の方法」、姉崎正治「現在の大戦に対する道徳的論評」、ゾウィリアム、アキスリング「米国に於ける基督」、服部宇之吉の「帰朝談」など多様なテーマがあった。

　協会会員の多くは欧米渡航を経験し、そもそも海外との交流が頻繁であった。渋沢栄一は実業界の代表として、彼の協会にかかわる対外活動について表8で整理する。

表8　渋沢栄一の帰一協会に関わる対外活動

日　付		人　物	活　動
大正2年 (1913年)	5月4日	ハーヴァード大学名誉教授ヘンリー、W、ピーボディ	飛鳥山邸に午餐会を開く
大正4年 (1915年)	2月10日	ギューリック、シカゴ大学神学部長シェラー、マシューズ	上野精養軒に歓迎晩餐会に出席

①　見城悌治「渋沢栄一の宗教観と道徳観—「帰一協会」をめぐって—」。

續表

日　付		人　物	活　動
大正5年 (1916年)	5月10日	ニューヨーク、ユニオン神学校校長ウィリアム、エー、ブラウン	当協会は飛鳥山邸に茶話会を開き、栄一が出席して歓迎の挨拶をする
	6月13日	モートン、プリンス	飛鳥山邸招待茶会に出席
	7月13日	ラビンドラナート、タゴール	渋沢栄一帰一協会幹事として横浜原富太郎邸にタゴールを訪問
大正8年 (1919年)	5月26日	―	栄一は当協会例会に出席し、朝鮮問題について協議する。6月23日に栄一は総理大臣原敬を訪問し、朝鮮問題にして建言する
大正10年 (1921年)	9月6日	ニュー、ヨーク神学校教授ハリ、イー、フォスディック	当協会は招待臨時会として講演会を飛鳥山邸に開き、栄一は出席
大正11年 (1922年)	3月17日	―	当協会は一ツ橋如水会館に例会を兼ねて栄一の帰国歓迎会を開き、栄一は日米関係に関して演説する
	9月8日	アメリカ基督教青年会主事ジー、エス、エデイヲ	是日当協会、一ツ橋如水会館に臨時会を開き、社会宗教問題に関して意見を交換。栄一は出席して意見を述べる

續表

日　付		人　物	活　動
昭和4年 (1929年)	6月3日	ラビンドラナート、タゴール	当協会主催歓迎茶話会が飛鳥山邸に開かれ、栄一は出席し挨拶する

　表8から分かるように、渋沢が帰一協会においての活動は常に彼の対外活動や国際活動と協働し、彼の対外姿勢を反映していた。例えば渋沢は大正4年(1915年)10月23日から大正5年(1916年)1月4日までにパナマ太平洋国際博覧会に出席し、カーネギーホールにおいて行った演説の中で、帰一協会を結成した目的を下記のように述べた。

　　人としても単に一個人たるの人以外に、社会あり、国家ある事を忘れたる有様にて、此等の教育は遂に真実なき教育として、社会の為にも亦国家のためにも殆んど役立たざりしなり、余は明治維新以来商業方面のみの道徳啓発に努力せしと雖も、今や其他各種の方面に於ても力を致さゞるべからざる事を信ずるに至れり、即ち帰一協会設立は正に此の精神に外ならず、これ社会的国家的信念を養ふと共に、又世界的信仰を涵養せんがためなり、故に二十世紀の日本人は、智識を磨き徳行を修め、其行動たるや、即ち君子は行ふに愧ぢずと云ふ信念を以て、国家的観念と共に又世界的理想を抱て、国運の隆盛を計らざるべからず、而して之を実現するには意志の鞏固を要すると共に、其行動たるや、必ず共同的の態度を保持せざるべからず①

　渋沢が今回行った演説は(1)渡米の目的(2)戦後の日米関係(3)米国国

————————————

　①　『渋沢栄一伝記資料』第33巻、63頁。

勢の進歩(4)文明の背後に於ける原素(5)原素の養成法(6)万国日曜学校と日本(7)日本の宗教道徳と帰一協会など七つの部分によって構成され、その内容は演説の一週間後の1915年12月11月にアメリカの週報に掲載された。1914年にヨーロッパに勃発した第一次世界大戦の影響もあって、アメリカはパナマ運河開通の機に乗じて、「世界の貿易地図をぬりかえ…世界一の大国にした」①。渋沢は世界の風を読み、アメリカを考察したとき積極的に帰一協会の結成を宣伝した。例えば彼は第三回の訪米時において、1913年にカリフォルニア州議会で可決された排日土地法などの日本に対する不利な状況に反して、一日本国民として自らの思想と道徳及び国際社会へ観察をアメリカないし全世界にアピールするつもりであった。また渋沢はパナマ運河開通を、スエズ運河やシベリア横断鉄道と同様に、「東西の連絡上に一新紀元」②とされ、運河の開通が「相通じ東西の半球はまったく比隣と化し去らんとしつつある、東洋の諺に命長ければ恥多しというけれども、輓近五十年間における世界交通の発達と、海運の面積の減縮とはかくのごとく顕著なるものがあって、前後ほとんど別乾坤の観あるを思えば、身、昭代に生れたる余慶として、長寿のむしろ幸福なりしを喜ぶのである」③と高く評価した。

　渋沢は帰一協会の発起人及び幹事として、日米関係と日中関係に関心を寄せていただけではなく、日印関係に対しても働きかけた。とりわけインド詩人ラビンドラナート、タゴールの3回の訪日に際し、渋沢はその接待活動に参加した。その中で、渋沢はタゴールの初訪日の時、すなわち大正5年(1916年)7月13日に、彼に帰一協会を紹介した。タゴールは協会の趣旨に対して「半分賛成するが半分は賛成能きぬ」④という態度を見せた。昭和4年(1929年)6月3日に、数え年で卒寿を迎えた渋沢は、

①　木村昌人『渋沢栄一民間経済外交の創始者』中公新書1991年、108頁。
②　同注118、198頁。
③　同注318。
④　『渋沢栄一伝記資料』第46巻、628頁。

訪日3回目のタゴールと会見し、協会主催のタゴール歓迎茶話会にも出席した。

　渋沢は帰一協会との協働において表明した対外姿勢は、まさに井上鉄次郎が「渋沢子爵追憶談」に述べたとおりである。それは「渋沢子爵は日本とアメリカの間の国際的融合に余程尽瘁されたようである。渋沢子爵は日本と中国の融合調和も計られたが、それはしばらく措いて、日本とアメリカの間に何等不祥のことの生じないように、よほど和親の空気の発生に努力されたことは周知の事実である。それで、融和の為めには、日本がキリスト教を排斥するやうなことでは、どうもうまく行かぬことが多い。そして、日本に輸入されて居るキリスト教の多くは米国系のものであつた元来渋沢子爵はキリスト教の信者ではなかったが、家族のものには牧師なしてキリスト教な説かしめた…キリスト教には別段反対ではなかった。なかなか度量の広い所があった」①である。つまり、20世紀初期の国際情勢の流れに注目した渋沢は、さらに広い心で日本と世界の関係を理解し、そして積極的な対外姿勢を取ったのである。

第二節　『論語と算盤』と『論語講義』から見た渋沢の国際感覚

　前述の通り、渋沢栄一は帰一協会を発起し、また対外活動において同協会との協働も活発であった。しかし渋沢は常に経済的観念、国家的観念から行動したため、彼はビジネスなどの実社会での統一的な道徳規範を求めているであって、宗教の色彩、観念は極めて薄かった②。また渋沢は帰一協会を創立した時、各宗教間に共通する根本理念の抽出で「帰一」する新宗教が生み出すことを期待したが、それが困難なことと理解して

　①　『渋沢栄一伝記資料』第46巻、417頁。
　②　島田昌和「経営者における道徳と宗教—渋沢栄一と帰一協会—」、『経営論集』第17巻第1号、2007年、12頁。

からは、儒教主義のもとで民衆道徳の基盤を立ち上げることに転向した。
それは渋沢が『論語と算盤』(1916年)と『論語講義』(1925年)の出版や儒
教研究の普及団体である「斯文会」を支援することで、儒教思想の啓蒙運
動を積極的に行った原因の一つでもあった。『論語と算盤』と先立って
1912年に出版された『青淵百話』は、『龍門雑誌』に収録された渋沢による
明治末期から大正初期までの一般向けの講話を、編集、出版した通俗書
である。『論語講義』は渋沢が大正12年(1923年)4月より14年(1925年)
9月に至る間に口述し、当時二松学舎の教授であった尾立維孝が筆述した
論語の注釈書である。それらの本では渋沢の人生観、処世論、『論語』の
解釈だけではなく、国際問題に対する世相批判、すなわち彼の対外認識、
対外姿勢も含まれている。

　『論語と算盤』と『青淵百話』両書には、渋沢が文明とりわけ西洋文明の
両面性に対する談話を収録し、彼の文明観を読み取れる。前者は「真正な
る文明」という一章において、文明と野蛮を相対的概念として認識し、20
世紀初期の「イギリスとかフランスとかドイツとかアメリカとかいう国
々は、今日世界の文明国と言うて差支えないであろう、その文明なるも
のは何であるかと言うに国体が明確になっていて、制度が厳然と定って、
そうしてその一国を成すに必要なるすべての設備が整うて、もちろん諸
法律も完備し、教育制度も行き届いておる」①と述べ、真正の文明は「強
力と富実とを兼ね備えるものでなければならぬ」②と説いた。また『青淵
百話』に収録された渋沢が明治44年1月に行った講話に当たる第36話
「危険思想の発生と実業家の覚悟」において、西洋文明は「恩沢」と「害毒」
という諸刃の剣であることを指摘した。つまり日本の近代化は西洋文化
の導入と大きく関係し、「泰西文化の輸入は我が国開発の上に取って大効
果があったと云ふも決して過言でない」③と語ったが、「我が国は世界的

---

① 　同注172、『論語と算盤』131-132頁。
② 　同注172、『論語と算盤』133頁。
③ 　同注118、『青淵百話』271頁。

事物を取入れて其の恩沢に浴し、其の幸福に均霑したと同時に、新しき
世界的害毒の流入したことは争はれぬ事実で、彼の幸徳一輩が懐いて居
た危険思想の如きは、明かに其の一つであると言ひ得るである」①という
西洋文明の両面性を述べた。

　第二に渋沢は国際関係の維持が日本発展の一大要素であることを主張
し、アメリカとの関係の対応について下記のように語った。

　　ここにおいて私共の切に憂うるのは、アメリカ合衆国と我が国との
　　関係である、今日のように紛議を配しているのは、お互い実に遺憾
　　に堪えない、おもうにこれは先方にも大なる我儘があるに相違ない、
　　不道理を言い張っていることは事実であるが、また事のここに到っ
　　たについては、我が国民も反省しなければならぬ点が大にあると思
　　う、これらのことは現に当面の交渉問題となっておるから、詳細に立
　　入って言い能わぬ事情もあるけれども、国民の期待はどこまでも果
　　す勇気をもって、しかして能うだけの忍耐をもって、大和民族の世界
　　的発展の途を開き、いずれの地方でも、厭がられ嫌われる人民とな
　　らぬように心掛けることが、すなわち発展の大要素であろうと思う
　　のである。②

　渋沢は1916年までに三回渡米を遂げ、日米関係改善するために民間経
済外交を実行し始めた。つまり彼は日本の発展に肝心なことは国際関係
とりわけ日米関係を維持することと認識した。

　第三に、渋沢は「商業に国境なし」という一節において、日米関係を重
視することを強調した。日本が日露戦争に勝利した1905（明治38）年以降
黄禍論が広がり始め、当時米大統領であったセオドア、ルーズベルトは日

---

①　同注118、『青淵百話』325。
②　同注172、『論語と算盤』135-136頁。

本を警戒し、対日戦争の基本戦略となるオレンジ、プランの立案を始めている。渋沢は明治 39 年(1906 年)に日本人移民の子供を隔離するサンフランシスコ学童問題の突発が日米関係低落のターニングポイントとされ、「実業界の一人として、また日本全体の実業界に対して深く心神を労している身であるから、国交上に大なる憂いを抱いた」①。その後、渋沢はサンフランシスコに在米日本人会を組織することなどで、アメリカ人が日本人に対する反感が改善できるように努力した。明治 41 年(1908 年)に渋沢が初代会頭を務めた東京商業会議所は、日米両国間の国交親善及びアメリカ人が日本人に対する誤解を解くために、アメリカの太平洋沿岸の商業会議所の委員を招待した。渋沢はその時に来遊した桑港商業会議所のエフ、ダブリュー、ドールマン、シアトルのジェー、ディ、ローマンなどと会談して、アメリカ人の理解を得ようとした。また前述した点だけではなく、この一節の最後に『礼記』の言葉「君子は慎みて以て禍を辟け、篤くして以て滷はれず、恭しくして以て恥に遠ざかる。」と、『孟子』の言葉「之を求むるに道あり、之を得るに命あり、是れを求むるとも得るに益なし、外に在る者を求むればなり。」②を引用し、儒学思想に基づいて解説しようとした。

　第四に日中関係の処理について、渋沢は「相愛忠恕の道をもって交わるべし」③と主張し、日中提携事業の実行を勧めた。

　　日中間は同文同種の関係あり、国の隣接せる位置よりするも、はた古来よりの歴史よりいうも、また思想、風俗、趣味の共通せる点あるに徴するも、相提携せざるべからざる国柄なり、しからばいかにして提携の実を挙ぐべきか、その方策他なし、人情を理解し、己れの欲せざる所はこれを人に施さず、いわゆる相愛忠恕の道をもって相交

---

① 　同注 172、『論語と算盤』169 頁。
② 　同注 172、『論語と算盤』171 頁。
③ 　同注 172、『論語と算盤』194 頁。

わるにあり、すなわちその方策は論語の一章に在りというべきである。

　　商業の真個の目的が有無相通じ、自他相利するにあるごとく、殖利生産の事業も道徳と随伴して、初めて真正の目的を達するものなりとは、余の平索の持論にして、我が国が中国の事業に関係するに際しても、忠恕の念をもってこれにのぞみ、自国の利益を図るはもちろんながら、あわせて中国をも利益する方法に出ずるにおいては、日中間に真個提携の実を□ぐることは、けっして難い事ではない。

　（中略）

　これにつきまず試みるべきは開拓事業であって、すなわち中国の富源を拓き天与の宝庫を展開して、その国富を増進せしむるにある、しかしてこれが経営の方法は、両国民の共同出資に依る合弁事業となすが最良方法である、独り開拓事業に止まらず、その他の事業においてもまたその組織は日中合弁事業とするのである、かくするにおいては日中間に緊密なる経済的連銀を生じ、従って両国間に真個の提携をなし得るのである、余の関係せる中日実業会社は、この意味において発起設立せられたるものにて、その成功を期せんとするゆえんもまたここに存するのである。①

　さらに渋沢は当時の中国を比較すると、古代中国の文明のほうを羨み、尊敬した。それは本書第7章で述べたように、彼が大正3年（1914年）に訪中し、20世紀初期の中国が「個人主義利己主義が発達して、国家的の観念に乏しく」②という印象について述べた。

　第五に、『論語と算盤』を通じて渋沢が近代世界交通の変化に注目したことがわかる。渋沢が体験、注目した「天然の抵抗を征服」③しようとす

---

①　同注172、『論語と算盤』194-195頁。
②　同注172、『論語と算盤』196頁。
③　同注332。

る近代人類史上の偉大な工事は1869年に開通されたスエズ運河、19世紀末から20世紀初頭に竣工されるシベリア横断鉄道、また1914年に開通されたパナマ運河であった。欧亜の交通と東西半球の連絡はこの三つの大工事によって「一生面を開き、両者間の質易に、航海に、軍事に、外交に一大変革を来したのである。」①

　第六に、渋沢は日本商業の発達という視点から、日本がひたすら欧米諸国を模倣してはいけなく、舶来品が本国の商品より優秀である観念を捨てるべきであると主張した。また彼も外国との通商の伝承性及び日本が作りものの適合性について下記のように述べた。

　　有無相通ずとは数千年前から道破された経済上の原則で、この大原則に反して経済の発展は企図せられる筈がない、一県にして佐渡からは金を産し、越後からは米を産する、一国にすれば、台湾からは砂糖が出るし、関東地方からは生糸が出る、更に国際間に拡大して見ると、アメリカの小麦、インドの綿花のごとく、それぞれ地勢によってその産物を異にするのであるから、我々は彼の小麦粉を食し、彼の綿花を購い、そして我は生糸、綿糸を売って行くべきである、この点は特に注意して、我国に適する物を作り、適せない物を仕入れることを過らぬようにせねばならぬ。②

　つまり渋沢は日本に適合な物を作り、外国と対等的に通商することで良性、健康的な日本商業が築かれることを指摘している。

　『論語講義』は『論語と算盤』と比較すると、学術性が明らかであり、基本的には『論語』の解釈、孔子の弟子に関する解説、日本史などの内容が含まれているが、渋沢の個人的体験談を付加したという点において、「独

---

①　同注172、『論語と算盤』197頁。
②　同注172、『論語と算盤』199-200頁。

特の注釈本」①であったと評価されている。同書は最初に二松学舎の舎外生のために発行された『漢学専門二松学舎講義録』という全30回の月刊刊行物に29回(12号は休載)にわたって掲載されたものをまとめたものである②。このような儒学の講義にも渋沢自身の対外姿勢を表わしている。

　まず『論語講義』には第一次世界大戦を語ることが多かった。渋沢がこの講義を始めたのは1923年4月であり、ちょうど終戦を過ぎてから5年、本来ヨーロッパ戦争が招いた影響が全世界、とりわけアジア太平洋地域へ蔓延した。パリ講和会議で列強国を主導にして締結された「平和条約」に不満を抱いたアメリカは、1921年11月12日から1922年2月6日までにワシントン会議を開き、国際軍縮を討議の趣旨として挙げた。この新たな国際体制を築こうとする世界構造の変動に対し、渋沢は楽観的であったが、一次大戦の傷あるいは国際道徳への反省に対して、彼は『論語』の言葉を借りて下記のように述べた。

　例えば「巻の三、公冶長第五」の26「子曰。已矣乎。吾未見能見其過而内自訟者也。(訓読：子曰く、已ぬるかな。吾未だ能くその過ちを見て内に自ら訟むる者を見ざるなり。)」③において、一次大戦の成因を精神文明が物質文明の進歩のスピードについていけなかった点に総括し、次のように語った。

　　今日の欧洲大陸を見よ、主権の争奪にこれ日も足らず、或は叛逆の臣レーニンのごときを出し、或は大国の小弱を圧迫するドイツのごときあり。かの大正七八年の欧洲大戦をみよ、人類未曾有の一大不

　　①　坂本慎一「渋沢栄一『論語講義』の儒学的分析：晩年渋沢の儒学思想と朱子学、陽明学、徂徠学、水戸学との比較」(『経済学雑誌』100(2)、1999年9月、66頁。
　　②　笹倉一広「渋沢栄一『論語講義』の書誌学的考察」、一橋大学『言語文化』48, 2011年12月25日、129頁。
　　③　同注124、『論語講義』237-238頁。

祥事を演出し、或は一国の中立を蹂躙し、或は婦女子な辱かしむる
等悪行の限りを尽くしたではないか。…一国が産業を発達せしめ、
その結果、その国が繁昌富貴となり、その余力を以て傍近の国の怠
惰衰亡したるを収拾のは決して悪いことでない。恰も隣家の破産し
たるを買収するに異ならず。これ人類あひ互の救濟法こ過ぎず。然
れども殖産興業に力を入れ、その富力を以て武備を拡張し、他国を
侵略併呑するのは、国際道徳を無視したる野蛮の行為である。①

　つまり渋沢はドイツが一次大戦でベルギーを侵略する野蛮的な行為は
国際道徳の後退であったことを述べ、国際道徳とりわけ孔孟の王道を修
めるからこそ世界の平和が維持できると主張した。

　もう一つ例として、『論語講義、卷の六』顔淵第十二の7の講義で一次大
戦を言及した部分を挙げてみよう。第 7 項目の「子貢問政。子曰。足食。
足兵。使民信之矣。子貢曰。必不得已而去。於斯三者何先。曰。去兵。
子貢曰。必不，必不得已而去。於斯二者何先。曰。去食。曰，自古皆有
死。民無信不立。(訓読：貢政を問ふ。子曰く、食を足らし、兵を足らし、
民をしてこれを信ぜしむと。子貢曰く、必ず己むことを得ずして去らば、
この三つのものにおいて何をか先にせんと。曰く、兵を去らんと。子貢
曰く、必ず巳むことを得ずして去らばこの二つものにおいて何をか先に
せんと。曰く、食を去らん。古へよりみな死あり。民信なければ立た
ず。)」②に、「大正 10 年 12 月米国華府会議において軍備縮小が討議せら
れ、実行せらるることとなつたが、その意味は孔子の兵を去れと仰せら
れたのと同一である。大正七八年欧洲大戦中各国とも軍備拡張の結果、
国民生活の安定を缺く至つたので、米国がこの発議をなし、ある程度の
縮小断行を見たのである。昨今、加藤高明内閣において財政整理のため

---

①　同注 124、『論語講義』238-239 頁。
②　同注 124、『論語講義』610 頁。

に、四個師団廃止を行はんとするのも、やはり兵を去れの意味の買行である」①と言及した。

　第二に渋沢は『論語講義』に日米関係、とりわけ排日移民法について濃密な描写を与えた。例えば「巻の一、為政第二」の24「子曰。非其鬼而祭之。諂也。見義而不為。無勇也。（訓読：子曰く、その鬼にあらずしてこれを祭るは、諂ふなり。義を見てなさざるは、勇なきなり。）」②において、渋沢が老軀をいとわず数回渡米し、日米両国の国交親善に貢献し得ることは、孔子の教訓「義を見てなさざるは勇なぎなり」③に相応しいであった。渋沢は1915年の加州議会前の渡米が「在米同胞の利益を計り、国威を失墜せず、多年の懸案を円満に解決し得るよう、及ばずながら徴力を添へるのが」④、彼が国民としての義務であり、また1922年11月10日の渡米が同一の精神からであったことを述べた。

　「巻の四、述而第七」の17「子所雅言詩書。執礼皆雅言也。（訓読：子の雅言する所は詩書なり。執礼もみな雅言す。）」⑤においては、アメリカの1924年7月1日実施した排日移民法が「これまた人道を無視したる、利己主義より出たものに外ならず」⑥と批判した。

　「巻の七、憲問第十四」の36「或曰。以徳報怨。何如。子曰。何以報徳。以直報怨。以徳報徳。（訓読：或るひと曰く、徳を以て怨みに報いば、何如と。子曰く、何を以てか徳に報いん。直を以て怨みに報い、徳を以て徳に報ゆ。）」⑦において、1913年にカリフォルニア州議会で排日土地法を可決し、日本人の土地所有権を禁止する行為は「これ徳に報ずるに怨みを以てするなり。何となれば邦人は米国に渡航し、安直の労銀を得て米国

---

①　同注124、『論語講義』613頁。
②　同注124、『論語講義』91頁。
③　同注124、『論語講義』98頁。
④　同注343。
⑤　同注124、『論語講義』324頁。
⑥　同注124、『論語講義』326頁。
⑦　同注124、『論語講義』760頁。

の土地開発もしくは耕耘に従事し、米国の富力を増加するものなれば、一つの恩人と見て可ならん」①と語った。この行為に対して日本は、アメリカ人の日本での土地所有権を禁止しったら、「則ち直を以て怨みに報ずるなり」として、あるいはそれを許しったら、徳を以て怨みに報いということになると述べた。

　「巻の九、微子第十八」の4「斉人帰女楽。季桓子受之。三日不朝。孔子行。（訓読：斉人、女楽を帰る。季桓子これを受く。三日朝せず。孔子行る。）」②においても、渋沢はアメリカが排日移民法を頒布したことやハワイを中心として海軍大演習を行ったこと、及びイギリスがシンガポールに海軍基地を設けようとする計画など、「ともに太平洋の制海權を握り東亞の天地を歴せんたす」行動がワシントン軍縮会議の協議を違反し、「孔子たる者黙視してはをらなかつたであらう。」③と述べ、憤慨した。

　前文に述べた点から、渋沢は講義において日米関係の不安定因子を重点的に説いたが、アメリカの善意に対しても十分に肯定した。例えば「巻の二、里仁第四」の4「子曰。苟志於仁矣。無悪也。（訓読：子曰く、苟くもにに志す。悪きことなきなり。）」④には1923年9月1日に発生した関東大震災に対して「世界殊にアメリカ合衆国民の深き同情のごときは、誠に本章の仁に志すといふ義に当る好実例といふべし。」⑤と述べた。また「巻の七、憲問第十四」の25「子曰。古之学者爲己。今之学者爲人。（訓読：子曰く、古への学者は己がためにし、今の学者は人のためにす。）」⑥において、「個人を主とする歐米主義、また宗敬がそれであるから、東洋道徳とは根本に違ふ所はあるけれども、私はイギリス人とは余り親しく

---

①　同注124、『論語講義』761頁。
②　同注124、『論語講義』873頁。
③　同注124、『論語講義』874頁。
④　同注124、『論語講義』148-149頁。
⑤　同注124、『論語講義』149頁。
⑥　同注124、『論語講義』741頁。

ないがフメリカにはしばしば行ったために米人とは懇親も厚く、おもだ
ったお人と家庭的親類同様に交際した人が幾人もありますが、その実際
においては東洋の道徳と些とも違はぬやうに思ふ。家庭の教訓などは買
に美しく道理正しい。例へばニュー、ヨークのヴァンダーリップ、ピッツ
ブルグ市のハインヅ、費府のジョン、ワナメーカー、これらの人々の家庭
を見ても細事にも道徳を重んずる所、父子夫婦の情愛のごく親密にして
質実な所が、決してただ利己主義を主とするものせはない。」①

　第三、渋沢は『論語講義』において、国交と国際関係とりわけ日中関係.
日米関係を取り上げるには、どのような姿勢をとるべきか、あるいは「世
界大勢の観察、天下を知る」②という彼の対外認識が芽生える時から一貫
した態度を主張した。例えば「巻の二、里仁第四」の15「子曰。参乎。吾
道一以貫之。曾子曰。唯。子出。門人問曰。何謂也。曾子曰。夫子之
道。忠恕而已矣」③には、次のように述べた。

　　恩威を併せ行ふことは、一個人の處世上にも一国の国際關係上にも
　　必要である…従來国際開係の破裂せし迹を観るに、雙方または一方
　　の国に忠恕の精神が缺けてゐる一點に帰着す。試みにみよ日清戦争
　　は、清国の不誠意即ち忠恕の精神缺乏に基づき、またみよ日露戦争
　　は、露国の不遜即ち忠恕の情神缺乏による。またみよ歐洲の大戦は、
　　実にドイツの横暴即ち忠恕の精神皆無に起るにあらずや。今後日米
　　り図交でも、日支の關係でも、あひ互に忠恕の精神を持つてさへゐ
　　れば、永遠に平和であり得べきである。国際の圓滿は、あひ互の忠
　　恕によつて始めてこれを期し得らるるものである。個人と個人との

---

①　同注 124、『論語講義』747-748 頁。
②　同注 124、『論語講義』874 頁。
③　訓読：子曰く、参や、吾が道一以てこれを貫くと。曾子曰く、唯と。子出づ。
門人問うて曰く、何の謂ぞやと。曾子曰く、夫子の道は、忠恕のみか。同注 124、『論
語講義』171 頁。

交際に忠恕の精神を必要とすることはいふまでもないのである。①

　つまり渋沢が強調したかったのは、個人間あるいは国家間の関係を処理するには「恩威を併せ行う」という方法を取るべきである。戦争の正当性に対する認識は立場より変わっていくものため、それはともかく、渋沢が世界平和への追求、また平和な国際関係を築くためには「忠恕の精神」が必要である。即ち互いに理解し合い、許し合うという理念は、今日の国際関係の対応に参考になる。

　また「巻の七、憲問第十四」の22「陳成子弑簡公。孔子沐浴而朝。告於哀公曰。陳恆弑其君。請討之。公曰。告夫三子。孔子曰。以吾從大夫之後不敢不告也。」②において、「今日の国交は他国の内政に干渉せざるを要義となす。譬へば中国にて宣統帝を黜けて共和政治となし、袁世凱を大總統に挙げ、或は露国にてロマノフ家の帝位を廃し、勞農政府を組織しレーニンを以て国務軌行委員長となすがごとき、これみな国内の変更なれば、外国の干渉すべき限りにあらず。故にレーニン一派がロマノフ家を殺戮し尽くすも、外国はこれを討伐する權利なし。自国臣民の身体財産に危害を受けざる以上は、袖手傍観するほかなし。」③を述べた。

　第四、渋沢は『論語講義』において、共産主義に対する反感を表した。例えば「巻の二、八佾第三」の25「子謂韶。尽美矣。又尽善也。謂武。尽美矣。未尽書也。」④において、次のように述べた。

---

　①　同注124、『論語講義』174頁。
　②　訓読：陳成子、簡公を弑す。孔子沐浴して朝し、哀公に告げて曰く、陳恆その君を弑す。請ふこれを討せんと。公曰く、かの三子に告げよと。孔子曰く、吾が大夫の後へに從ふを以て、敢て告げずんばあらざるなりと。君曰く、かの三子者に告げよと。三子に之て告ぐ。可かず。孔子曰く、吾が大夫の後へに從ふを以て、敢て告げずんばあらざるなりと。同注124、『論語講義』734頁。
　③　同注124、『論語講義』737頁。
　④　訓読：子韶を謂ふ。美を尽くす、また善を尽くすナり。武を謂ふ。美を尽くす、未だ善を尽くさざるなり。同注124、『論語講義』141頁。

　レーニン一派が露国の皇族を残殺し尽くしたるがごときは、その見
地民に君臣なく、多数を根基とし共産主義を抱くがためなり。それ
人々あひ殺すも罪戻なり。況んや歴世大国に君臨して慮兆を撫育せ
し高貴の人を虐殺し、その族一人をも殘さざるに至つては言語道断、
たとひ多数を根基とし共産を主義とすと雖もその悪逆たること勿論
なり。伯夷をしてこれを評せしむれば、暴を以て暴に易る、吾その
是を知らずと謂はんのみ。開国以來二千五百八十三年絶えて革命な
く、萬世一系の天皇を奉戴せる我が国民は、かかる悪逆無道り暴挙
を見て、不快の念を起さざる者これあらざるべし。もしレーニンを
楽に上すことあらば、聽く者をして必ず饗蹙せしむるならん。①

　ここからわかるように、渋沢は共産主義を提唱するレーニン一派が社
会秩序の混乱、破壊を惹き起こす行為、つまりロシアの皇族を皆殺しに
する非人道的な遣り方に不満を抱いた。そもそも彼は経済主義批判のレ
ーニンに好感を持つことが不可能であり、またそれを日本の社会主義者
であった幸徳秋水らを連想して、共産主義を嫌がり、もしくは反対したこ
とが想像できる。「巻の六、顔淵第十二」の1「顔淵問仁。子曰。克己復礼
爲仁。一日克己復礼。天下帰仁焉。爲仁由己。而由人乎哉。顔淵曰。請
問其目。子曰。非礼勿視。非礼勿聴。非礼勿言。非礼勿動。顔淵曰。回
雖不敏。請事斯語矣。」②において、渋沢は全く同じことを重ねで説いた。

---

　①　同注124、『論語講義』142頁。
　②　訓読：顔淵仁を問ふ。子曰く、己に克つて礼を復むを仁となす。一日己に克
つて礼を復めば、天下仁に帰す。仁をなすは己に由る。而して人に由らんやと。顔
淵曰く、その目を請ひ問ふ。子曰く、非礼視ること勿れ。非礼聴くこと勿れ。非礼言
ふこと勿れ。非礼動くこと勿れと。顔淵曰く、回不敏と雖も、請ふこの語を事とせん
と。同注124、『論語講義』582頁。

第八章　渋沢栄一の国際感覚と対外交流

　近代日本の国際感覚の中核を構成したのは「西洋に対する劣等感と、その反射としての東洋に対する優越感」①であることや、またそのような国際感覚が日清戦争以降にますます明らかになっていくことであった。国際感覚とは、国外のさまざまな文化や価値観を知り、自国内に限った観点ではなく国際的な観点からものを考えることのできる感覚である。あるいは自国の常識に囚われず、より広い価値観や考え方で物事を捉えるセンスを指す。日本においての国際感覚に関する討論は1956年12月の『時事通信』、1957年1月の『中央公論』に登載した対談「もっと国際感覚を」(松本重治)から始まり、また「21世紀の国際感覚」②として、国境、文化を超え、相手を知り己を知る事、またその知識を対話に生かせる事、さらに多国、多文化問の問題解決能力など規定される。

　ここで渋沢栄一の国際感覚を取り上げるには、彼の対外認識を全般的に考えなければならない。たとえば渋沢が対外交流を行うときに対象国に対してどのような認識を抱き、その国の社会や文化に対してどこまで理解を得たのかについて論じる。また彼の国際社会、国際大勢及び国際

---

①　増淵龍夫「歴史意識と国際感覚-日本の近代史学史における中国と日本(Ⅰ)」上田正昭編『人と思想津田左右吉』三一書房 1974年7月31日、219頁。『思想』1963年2月。

②　青谷正妥氏の論説による。

情勢に対する認識も討論する。たとえば渋沢はパリ万博を参加するとき
からアメリカの新興大国としての力に注目し、日米関係に対してもっと
も重視していた。本章は渋沢栄一の国際感覚が如何にして彼の対外交流
活動に生かされ、またその感覚の成長プロセスが、どのような形で渋沢
の対外交流活動に反映されたことについて論述する。さらに統計とデー
タ分析を通して、その変化を把握することを試みる。

第一節　海外における交流活動

　渋沢栄一は生涯に渡って11回海外に出かけた。そのなかで、ヨーロッ
パは2回、アメリカは4回、そして中国と韓国はそれぞれ3回訪問した。
ヨーロッパにおいては、1867年(慶応3年)1月11日―1868年(明治元
年)11月3日に、渋沢は日本の開国後最も格式高い遣欧使節団の一員と
して、初めての渡欧を果たした。フランスを中心に、渋沢一行はスイス、
オランダ、ベルギー、イタリア、イギリスも巡歴した。この歴訪は欧州各
国に親睦を示すためであったが、五ヵ国の歴史遺跡の参観のほか、工場、
製造所を主として観覧することも重要な任務であった。船旅を除いた1
年6ヶ月の滞在は、渋沢の最も長く海外滞在であり、また彼の対外認識の
形成と転換、つまり攘夷という排外的な観点から「西洋を学ぶことを提
唱」するようになるという大変化はそのときに完成されたのである。2回
目は1902年(明治35年)5月15日―10月31日に、渋沢が欧米視察に出か
け、後半の7月10日からヨーロッパを再訪した。イギリス・フランス・
ドイツ・ベルギー・イタリアを歴訪した渋沢は、30年前の印象と比べ、
また初訪米においての新興工業国の強烈な印象から、イギリスの退廃的
雰囲気を感じた。

　アメリカにおいては、1902年の欧米視察の最初の二ヵ月間は渋沢の初
訪米であった。彼はアメリカの広大な領土と豊富な資源に瞠目し、米実
業家と交流したことから、アメリカに対する認識を深めた。2回目の訪

米は1909 年(明治 42)8 月 19 日—12 月 17 日に、渡米実業団を率いて、三ヶ月程においてアメリカ全土を回覧した(図 5を参考)。渡米実業団は8月 31 日にアメリカ西海岸の北部に到着し、9 月 1 日からシアトル・タコマ・バンクーバー・スポーケン・ポートランド・アナコンダ・ブッラ・ファーゴ・ヒビング・ドリッチ・ミネアポリス・セントポール・マジソン・ミルウォーキー、9 月 21 日にシカゴ・サウスベンド・グランドラピドス・デトロイト・クリーブランド・エリー・バッファロー・ロチェスター・イサカ・シラキューズ・シェネクタデ・ニューヨーク・ニューヘブン・ニューポート・プロビデンス・ボストン・ウースター・スプリングフィールド・ニューアーク・レディング・ベツレヘム・フィラデルフィア・10 月 28 日からワシントン・ボルチモア・ピッツバーグ・シンシナチ・インジアナポリス・セントルイス・カンザスシティー・オマハ・デンバー・ソルトレークシティ・オグデン・サクラメント・サンジョーズ・サンタバーバラ・ロサンゼルス・ザンジエゴ・リバーサイド・レッドランド・ウィリアムズ・グランドキャニオン・バーストウ・ベーカースフィールド・オークランド、12 月 1 日にサンフランシスコから帰国した。このように一行はわずか90 日の間にアメリカの62 の都市を通過し訪問した。今回の渡米は日米実業家の交流を深め、「日米各地の商業会議所間に広範囲かつきめ細かい連絡網を作ることができ、このパイプはそれ以降の日米経済関係に大きな役割を」①果たした。3 回目は渋沢が1915 年(大正 4 年)10 月 23 日—1916 年(大正 5 年)1 月 4 日にパナマ万博に出席するために渡米し、サンフランシスコ、シアトル、ニューヨーク、ワシントンなどの11 の都市を再訪した。4 回目の渡米は、1921 年(大正 10 年)10 月 13 日—1922 年(大正 11 年)1 月 30 日であり、ワシントン会議の参加や15 の都市を再訪したことなどの交流活動を行った。渋沢はこの四回の渡米に、米実業家や商業人士と交流しただけではなく、四回とも時のアメ

---

①　同注 37、『渋沢栄一——民間経済外交の創始者』88 頁。

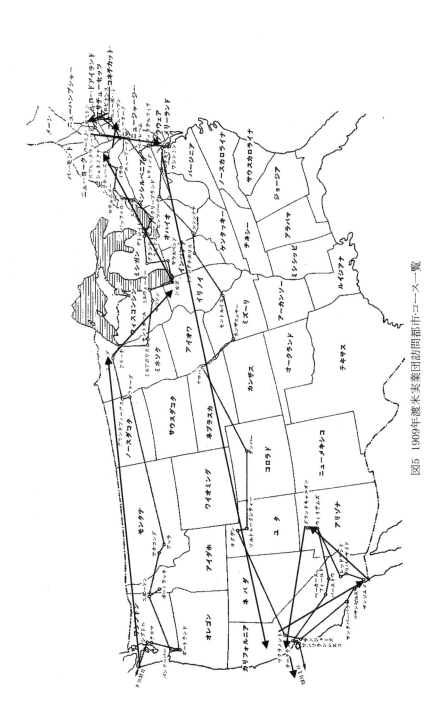

図5　1909年渡米実業団訪問都市コース一覧

① 同注212「太平洋にかける橋─渋沢栄一の生涯─」。

リカの大統領に謁見し、彼の影響力は米政界までにも及んだのである。

　韓国においては視察目的の旅が主であった。1898年(明治31年)4月23日—5月30日の韓国視察は朝鮮の貨幣問題の実況調査及び日韓貿易の推進のためであった。渋沢は当時の「欧米強国への渡航にのみ重きを置き、朝鮮などへ赴く者をは軽ろしめると云ふ様」①というような社会風潮に対して、日韓通商が日本に実益あることを主張した。2回目の韓国視察は1900年(明治33年)10月30日—12月12日に京仁鉄道の開業式に参加し、または「韓国内の第一銀行支店の営業状態や日本の貨幣すなわち円の流通状況を視察することであった」②。3回目は1906年(明治39年)6月8日—7月18日に、第一銀行支店業務の視察に出かけたことである。

　中国において最初の渡欧の途中、すなわち1867年(慶応3年)1月15日—1月22日に上海、香港に立ち寄り、「欧州列強の中国進出をまのあたりに見聞し、その脅威を痛切に感じた」③。2回目は1877年(明治10年)1月26日—2月26日に中国政府と借款交渉するため、三井物産の益田孝と共に北京を訪れたときである。3回目の訪中は1914年(大正3年)5月2日—6月15日に、渋沢は「日中経済関係の増進には、中国の経済社会インフラ整備が急務と考え」、訪中を計画した。彼は此旅で中国視察を除いて、最もの急務は中日実業会社の設立を実行するためであった。

第二節　日本国内における外交活動

　渋沢栄一は海外において交流活動を行い続けただけではなく、その上に日本国内の外交活動において、人生の半分以上を貢献したことを注目するべきである。渋沢は1879—1931年、52年間という長いスパンにおいて、世界の15ヵ国とかかわり、また外賓接待や歓迎活動を主催、参加、ま

---

①　『渋沢栄一伝記資料』第25巻、7頁。
②　同注37、『渋沢栄一——民間経済外交の創始者』39頁。
③　同注43『中国行』序三。

た関与した事務の件数は約450件であり、実際に総計できる日も600日を
超えた。そこで筆者は本書の付録において渋沢栄一の日本国内における
外交活動年表を整理し、その統計を次の図4に反映する。

　図3からわかるように、渋沢栄一は1879年から日本の国内外交活動に
参加し始め、最初に関わった国は米英両国①であった。翌年に中韓両国と
の外交活動にも関わり始めた。つまり渋沢は1879年から1890年までの10
年間において、主に英米中韓四国の外交活動に参加した。その時の外交
活動は主に外務省を初めとする政府側が主導的で、井上馨や伊藤博文、
大隈重信などの政界関係者の主催また出席が特徴であった。それにもか
かわらず、1879年のグラント将軍接待活動は、渋沢の先駆的な国民外交
の端緒であった。日本は島国であり、かつ長期にわたって鎖国政策を採
り、政府は積極的に国際的な交際を展開せず、対外的に友好関係を結ぼ
うとする理念も、国民に世界を理解させることもしなかった。対外的な
友善や外交の重視、礼儀の熟知、堪能な交際の考え、国民に積極的に外国
の友善人士と交わらせて、国際的な交際を強化し、外国人との友誼の習
慣を増進することは言うまでもない。渋沢栄一はヨーロッパ周遊時に、
各国国民の外国の国民に対する友好と善意を目の当たりにし、日本国民
の対外交際の不十分さを深く感じた。明治12年、栄一はアメリカの元大
統領グラントの訪日の機会を利用して、東京市民の名義で、盛大な歓迎
式典を行い、天皇、皇族、大臣、東京知事、および重要人物の出席も要請
した。また式典では武術演技などの多くのプログラムを組み、活発で情
熱的な友善の雰囲気を作り上げた。他にも前大統領に東京の新富座で演
劇を見せ、工部大学で盛大な接待を設けた。グランド大統領一行は日本
の民間が有史以来の誠意ある友善と高いランクの接待を受け、「欣悦した
ことは無論」②であった。このような友好的、平等的、礼儀正しい、情熱

　　①　香港領事ヘンホシー夫妻の接待は、イギリスと直接に関係したものではな
いが、その始まりはここからであると筆者が考える。
　　②　同注216、『渋沢栄一伝』第356頁。

的に外国の賓客をもてなしたことは、今日からすれば当たり前のことで
あるが、しかし当時の日本においては、確かに新しかった。当時の日本社
会では、攘夷の思想が依然広く存在し、多くの人々が外交と外国の賓客
を接待する意義を理解していなかった。この大式典ののち、日本は「人民
は人民として其の意志感情を公に表明するの風習が開けるに至った」①。
日本国民の対外関係発展を推進するため、渋沢栄一は明治二十六年に喜
賓会を創設し、のちに相次いで帝国ホテル、帝国劇場を修築し、積極的に
日本の市民社会の対外交際を展開し、対外友好関係の活動を発展させた。

　後の10年間、渋沢はロシア、フランスとの関わりが増え、とりわけ日
清戦争前後に、ロシア皇太子ニコライⅡ世の歓迎準備の委員に選ばれ、
接待する準備を行ったことと、東京商業会議所の会頭としいて訪日中の
ロシア大蔵省高等参事官ザブーキン一行を歓迎し、また演説を発表した
こと、またフランスの実業家であったアルベール、カーンを招待したこと
などである。

　図3（参看105頁図）から明確に見ることができるように、渋沢の国内
における外交活動は1903年、すなわち1902年の欧米漫遊の翌年からは、
一気に高揚期を迎えた。図3の緑の部分がアメリカとの交流活動を示し
ており、最も件数を示している。また赤の部分は中国との交流活動を示
し、2番目の件数値であることがわかる。つまり、渋沢は1910、20年代に
おいて、最も対外交流活動に関わったのは米中両国である。

　付録を分析すると、渋沢の国内における外交活動の特徴は明らかであ
る。まず渋沢は欧米視察に赴く前年の1901年から個人名義で、イギリス
評論雑誌レビュー、オブ、レビューズの記者アルフレット、ステットを招
待し、また東京市有志者たちのアメリカ海軍少将フレデリック、ロッジャ
ースの歓迎会に、渋沢が東京商業会議所会頭として出席した。さらにア
メリカ基督教青年会の幹事ジョン、モット博士を東京市養育院に案内し

---

　①　同注216、『渋沢栄一伝』371。

た。つぎに、帰国の1903年から逝去の1931年までにおいて、渋沢は個人名義のほかに、主に東京商法会議場、帰一協会、日米関係委員会、太平洋問題調査会、東邦協会、日露協会、日英協会、日米協会、日華実業協会の外賓接待活動と関連して対外交流を行った。外務省や、諸国大使などの政府レベルの外交接待活動にもかかわった。

　さらに、渋沢の国内における外交活動は凄まじい量の件数だけではなく、同時また同日に何件もあるいは何ヵ国の人と交流したという特徴もある。たとえば、1916年7月2日から8月16日までに、インド詩人タゴールの初招待の日程に、アメリカの異常心理学界で指導的な役割を果たしたモートン、プリンス氏（Morton Prince, 1854-1929）の招待を挟み込んだ。

　図3の数値から渋沢栄一の国内における対外活動の国別割合図を作成して見ると、図6になる。つまり、アメリカとの交流活動は62％を占め、中国とは12％を占めている。それは渋沢の対外活動の七割以上が米中両国と関わることが一目瞭然である。

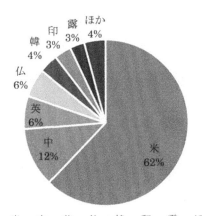

図6　日本国内における外交活動内訳図

第三節　ワシントン会議の出席による世界情勢への予期

　1921 年に81 歳の渋沢はワシントン会議のオブザーバーとして第四回の渡米を遂げた。彼は今回の会議の結果において、海軍軍縮の実行やアジア、太平洋を超えた新しい国際秩序の形成を期待した。ワシントン体制下での日本は経済発展を遂げていくことになると渋沢が予測した。こうしてワシントン会議後において渋沢が提起した民間経済外交は「最盛期」に入り、それも彼の国際感覚が明確に発揮された結果でもある。しかし1923 年に日米関係委員会より排日土地法に関する陳述書が発表され、また日英同盟が失効した一か月後に関東大震災が起こり、つづいて翌年にはアメリカで排日移民法が成立した。その一連の出来事に対して、渋沢は非常に大きなショックを受けた。国民外交が崩壊していく中で、彼は最後まで日本対外交流の窓口として外賓の接待などを勤め続けた。

　渋沢は国民外交の視座から、経済有力者として苦悩したことは、経済面だけではなく、国際関係あるいは国際秩序に大きく関る「国際道徳」①にもある。彼は『論語講義』において「雍也第六」30「陳司敗問。昭公知礼乎。孔子曰。知礼。孔子退。揖巫馬期而進之曰。吾聞君子不党。君子亦党乎。君取於呉。爲同姓。謂之呉孟子。君而知礼。孰不知礼。巫馬期以告 。子曰。丘也幸。苟有過。人必知之。」の一句を解釈するとき、次のように語った。

　　そもそも世界列国対峙する世の中にては、一国の結合力を鞏固にするのは己の生存上必要たらずんばあらず。たとへ国際道徳を高めて平和を保障するにしても、その国際道徳を高むる手段そのものにも、一人よりも十人、十人よりも百人と多衆の意見を一致結合せしめね

───────────

　①　同注 124、『論語講義』362 頁。

ばならぬことなり。個人としては君子は党せず偏せず、蕩々坦々、公明の道に由つて進むを美徳とすと雖も、多数の意見によつて政治を行ふ以上は、人々結合して目的を貫徹するは自然の趨帰なり。況んや列国対峙の上に就ていへば、黄金世界にならざる間は同党伐異の力の強弱によりて一国の盛衰興亡の分界を生ずるに至らん。決して団結力を軽視すべからず。①

　つまり渋沢は国際秩序を維持するために、国際的な道徳が重要であることを主張し、また国々はその国際道徳のもとで団結して共同的な目的を貫徹することは一国の盛衰興亡に大きく関わることを指摘した。

　渋沢は20世紀初頭に日米親善活動に投身してから、命の尽きるまで日米間の大きな障害であった排日移民問題と、中国における日米共同開発について関心を寄せた。1924年の「排日案通過」というショックを受けた渋沢は、対米交流が冷却期に突入したため、彼が最後に全力でぶつかった対外関係は日中関係であった。

　日本は第一次世界大戦から山東省の権益問題に関してドイツと中国と衝突し始め、1919年のパリ講和会議で締結したヴェルサイユ条約によって、戦敗国のドイツから山東省の利権を引き継いた。また1915年に中国政府に対して「21箇条の要求」を提出し、山東省での利益を最大限に実現しようとした。さらに1922年の日中山東条約と日中山東還付条約によって、日本は山東省を一時的に中国に還付したが、膠済鉄道の借款の件によって同鉄道沿線の鉱山の一部の経営権益を確保した。

第四節　太平洋問題調査会への助成と参与

　1924年に「排日移民法」の通過は渋沢栄一の対米交流活動を冷却期に突

① 同注124、『論語講義』362-363頁。

入させた導火線のようなものであったが、彼の国民外交への試みはここで止ったわけではなかった。その試みの一つとしてはまさに太平洋問題調査会(IPR)への助成と参与であった。太平洋問題調査会は1925年にハワイのホノルルに設立され、1961年まで活動を続けた国際的な非政府組織(INGO)また学術研究団体である。同会は「日本人移民斥問題の深刻化によって日米関係が緊張していること」①、また「西欧諸国に向けられた治外法権の撤廃、関税自主権の回復といった不平等条約撤廃を要求する排外主義的民族主義が強まっている」②なかで、キリスト教青年会(YMCA)の国際連帯運動が背景で設立された。

　渋沢は1924年9月1日に8月5日届いたフランク、アサートン③の書簡を読み、翌年7月の開催予定の太平洋問題協議会第一回大会に渋沢の協力を求める内容を確認してから、「基督教青年会主催ノ大会ニハ何トカシテ当方ヨリモ出席セシメラレタキモノナリ、今日ヨリ熟考ヲ要ス」④とのメモを書き残している。このメモに「何トカシテ」という言葉を使ったことからは、渋沢がすでに既成事実であった「排日移民法」の成立をはじめとする日米関係を、万策尽きるまで、その解決を求めつづくという切羽詰った態度が読み取れる。そこで、渋沢が太平洋問題調査委会へ助成及び参与した活動について、表9で整理する。

---

① 同注124、『論語講義』45、287頁。
② 同注45、287-288頁。
③ F. C. Atherton, vicepresident and general manager Castle & Cooke; former president Honolulu Chamber of Commerce; chairman of Central Executive Committee in charge of local arrangements for Institute; Castle & Cooke, Ltd., Honolulu, Hawaii. (*Instutute of Pacific Relations, Honolulu, Hawaii, June 30-July 15,* 1925, Published by the Institue of Pacific Relations, 1925.)
④ 『渋沢栄一伝記史料』第37巻、457頁。

表 9　渋沢栄一の太平洋問題調査会に関わる活動一覧表①

日　付		事　項
大正 14 年 （1925 年）	3 月 24 日	是年七月一日、アメリカ合衆国ハワイニ開カルル太平洋問題協議会第一回大会ニ出席スベキ日本代員ニ関シ、昨年来同会ハワイ協議会長フランク、シー、アサートンヨリ栄一ニ折衝シ来リシガ、是日ソノ選定ヲ依頼シ来ル。六月八日栄一、確定人名ヲ回報ス。
	3 月 31 日	外務省通商局長佐分利貞男、飛鳥山邸ニ来訪シ、外務大臣幣原喜重郎ノ旨ヲ伝ヘテ、栄一ニ当協議会ニ関スル斡旋ヲ依頼ス。栄一尽力スル所多シ。
	5 月	太平洋問題協議会第一回大会参加費用ノ寄付ヲ有力者ニ勧誘ス。ソノ結果三万二千余円ヲ得。
	6 月 12 日	太平洋問題協議会第一回大会ニ出席スル沢柳政太郎、斎藤惣一、高木八尺ヲ飛鳥山邸ニ招キテ、日米問題ニ関シテ懇談ス。翌十三日、日米関係委員会主催ノ送別午餐会、東京銀行倶楽部ニ開カル。
	7 月 1 日— 15 日	是日ヨリ十五日マデ太平洋問題協議会第一回大会ハワイ、ホノルルニ開カル。沢柳政太郎他数名、日本代員トシテ出席ス。栄一祝辞ヲ贈ル。
	7 月 31 日	日米関係委員会主催、太平洋問題協議会参列代員帰朝歓迎会、丸ノ内日本工業倶楽部ニ開カル。栄一病気ニヨリ出席セズ。
	10 月 22 日	太平洋問題協議会ノ報告会ヲ神田区基督教青年会館ニ開ク。
	12 月 8 日	東京銀行倶楽部ニ於テ、阪谷芳郎、沢柳政太郎、添田寿一、高柳賢三、鶴見祐輔、高木八尺等ト会合シ、当会ノ組織ニ関スル件ヲ協議ス。

①　『渋沢栄一伝記史料』第 37 巻「第 21 款 太平洋問題調査会」より整理、520-656 頁。

續表

日　付		事　項
大正15年 （1926年）	3月2日	当会評議員会会長ニ就任ヲ依頼セラル。後、之ヲ承諾ス。
	4月6日	当会第一回評議員会、東京銀行倶楽部ニ開カレ、調査会成立ス。ハワイ中央事務局幹事ジェー、マール、デーヴィス歓迎午餐会ヲ兼ヌ。栄一出席シテ理事及ビ監事ヲ推薦シ、引続キ第一回理事会ヲ開ク。
	6月28日	当会第三回理事会、丸ノ内東京銀行集会所ニ開カル。栄一出席シテ議長トナル。
	7月21日	アメリカ合衆国ハワイヨリ帰朝セル原田助及ビ渡欧セントスル頭本元貞ノタメ、丸ノ内常盤家ニ於テ送迎会ヲ催ス。
	10月1日	当会第四回理事会、東京銀行倶楽部ニ開カレ、栄一出席ス。
	11月5日	当会第二回大会準備協議会、東京銀行倶楽部ニ開カレ、栄一出席ス。夜、当会主催太平洋学術会議ニ出席ノタメ来朝セル同調査会所属学者歓迎晩餐会、丸ノ内日本工業倶楽部ニ開カレ、引続キ出席ス。
昭和2年 （1927年）	3月28日	当会第七回理事会、丸ノ内日本工業倶楽部ニ開カレ、栄一出席ス。ソノ席上ニ於テ寄付金ノ募集ヲ栄一及ビ理事長井上準之助ニ委任ス。
	4月15日	当会第二回大会準備協議会、東京銀行倶楽部ニ開カレ、栄一出席ス。
	5月7日	当会第八回理事会、東京銀行倶楽部ニ開カル。栄一出席ス。続イテ安藤広太郎ノ講演会ニ移ル。

續表

日　付		事　項
昭和2年 （1927年）	6月28日	外務大臣田中義一主催第二回太平洋問題調査会出席者招待午餐会、同大臣官邸ニ開カレ、栄一臨席ス。
	7月15日— 29日	是日ヨリ二十九日マデ当会第二回大会、アメリカ合衆国ハワイ、ホノルルニ開カル。是ヨリ先栄一、六月二十八日付ヲ以テフランク、シー、アサートンニ書翰ヲ送リ、同大会ニ栄一ノ挨拶ヲ伝ヘンコトヲ請フ。
	8月9日	当会第二回大会ニ出席ノイギリス国代員サー、フレデリック、エヌ、ホワイト、中国代員及ビ日本代員歓迎午餐会、並ニ報告会、東京会館ニ催サル。栄一出席ス。
	9月20日	当会第十一回理事会、及ビゼローム、ディ、グリーン招待午餐会、東京銀行倶楽部ニ開カル。栄一出席ス。本理事会ニ於テ当調査会ノ財務一切ヲ栄一及ビ理事長井上準之助ノ両人ニ委任ス。
	10月11日	当会及ビ東京朝日新聞社合同主催太平洋問題講演会、東京朝日新聞社講堂ニ開カル。栄一、臨場シテ挨拶ヲ述ブ。
	11月1日	当会主催ハワイ中央事務局調査部主任コンドリフ歓迎、鶴見祐輔送別午餐会、丸ノ内日本工業倶楽部ニ開カル。栄一出席ス。
昭和3年 （1928年）	1月25日	当会第十二回理事会、東京銀行倶楽部ニ開カル。栄一出席ス。
	11月6日	当会中央事務局幹事チャールズ、エフ、ルーミス飛鳥山邸ニ来訪シ、栄一ト会見ス。

續表

日　付		事　項
昭和 4 年 (1929 年)	10 月 11 日	太平洋問題調査会第三回京都大会ニ出席ノタメ来朝セル中央事務局幹事長ジェー、マール、デーヴィス、新渡戸稲造、斎藤惣一ト共ニ飛鳥山邸ニ来訪シ、同大会ニ於テ、栄一ノステートメント発表ヲ請フ。
	10 月 28 日	太平洋問題調査会第三回大会京都市ニ開カル。栄一、当評議員会長トシテ、秘書小畑久五郎ヲ派遣シテ「太平洋上の平和」ト題スルメッセージヲ代読セシム。文中、アメリカ合衆国千九百二十四年移民法ノ改正ニ言及ス。
	11 月 12 日	当会第三回大会ニ出席シタル各国ノ代員等約三百名ヲ、東京会館ニ招キテ歓迎午餐会ヲ催ス。栄一出席シテ挨拶ヲ述ブ。
昭和 5 年 (1930 年)	11 月 28 日	当会第六回評議員会開カレ、会員ノ改選、並ニ明年秋中華民国ニ開催サルベキ、第四回聯合大会ニ就キ協議ス。栄一評議員会長ニ重任ス。
昭和 6 年 (1931 年)	10 月 21 日 11 月 4 日	是日ヨリ十一月四日マデ、太平洋問題調査会第四回大会ヲ準会議トナシ、中華民国上海ニ開カル。新渡戸稲造外二十余名日本代員トシテ出席ス。栄一、阪谷芳郎ト連名ニテ祝電ヲ送ル。是ヨリ先栄一、代員ノ出張費及ビ其他ノ経費ヲ勧募ス。

　表 9 から分かるように、渋沢は同会の設立だけではなく、日本 IPR 評議委員会の会長として、命尽きるまでその役割を務めた。体調の状況が主な原因で、彼はすべての行事に出席できなかったが、不定期で開かれる理事会への出勤率が五割で、また同調査会の第一回から第四回までの大会に関与した。渋沢は1927 年の同調査会第二回ハワイ大会に書翰を送り、

また1929年の同調査会第三回京都大会に秘書であった小畑久五郎を派遣して「太平洋上の平和」と題したメッセージを代読させた。さらに1931年の同調査会第四回上海準会議に祝電を送った。渋沢はこれらの大会において、日米間の民間外交の扉が閉ざされる前に、IPRを渡りに船として、自分の言葉をことづけ、世界にとりわけアメリカに伝えようと努力した。すなわち、渋沢はIPRを通じて、移民問題や「排日移民法」に「国際的な場に於いて自らの立場の正当性を主張し、国際的な理解と支持を得ることを主たる目的の一つとしていた。」①

　しかしIPRは国際的組織である以上、その複雑性に注意しなければならない。つまりIPRは最初にホノルルに本部を設置され、またアメリカ本土、カナダ、中国、日本、オーストラリア、ニュージーランドにおいて支部を結成し、それぞれの支部が各々自国の利益を代表するという形であったので、毎回大会の議事日程は異なった。第一回大会は排日移民法と中国の不平等条約をテーマとした。第二回大会は中国の不平等条約の改正問題を中心的な議題となった。第三回大会は満洲問題をテーマとした。第四回大会は満洲事変の勃発直後に開かれたため、各国代表団が「中国の経済発達」などの議論テーマを二番目に回し、満洲における日本軍の行動に関して批判大会のように変更した。つまり、この四回の大会において、日本IPRとして最も強い関心を持っていた移民問題に関しては、議事日程に上がるは機会が少なかった。渋沢は最後に同調査会に送った祝電に、満洲事変を「太平洋ノ一隅ニ於テ異常ナル低気圧ノ発生」②に譬えた。当時に病床に臥していた渋沢は、その事件の重大さに気づいてなかったか、あるいは楽観的に見ていたかについては追及しないが、1つ断言できるのは、彼自身の平和への念願がそこからも強く伝われていた。

---

　①　『渋沢栄一伝記史料』第37巻「第21款　太平洋問題調査会」より整理、45、312頁。

　②　『渋沢栄一伝記史料』第37巻、379、649頁。

おわりに

　前述したように、渋沢栄一は生涯をかけて海外と国内において多くの交流活動をなし遂げた。彼はそれらの対外交流によって国際感覚を磨き、また世界の動向を大局的に見渡し、主要競合国間のバランスを維持したいという理想があったということが分かる。渋沢栄一の企業家や経済人としてのイメージが深く人の心に染込む。彼が晩年において対米の外交などの方面で大いに努力し、最後には最も良い効果を収められなかったが、日本の国民外交を開創するために、および経済的商業的な視角から、日本の国際的イメージを推進して、また海外における日本に対する理解を促進することに、積極的な作用を果たした。渋沢は長年において海外に滞在することがなかった。その上、系統で正規の西洋教育をも受けたことがなかった。それでも彼の対外認識と対外思想の開創性は池田成彬や新渡戸稲造などと比べて遜色がなく、むしろ彼らよりグローバル意識を一層備えていた。渋沢は常に世界の大勢に関心を持つだけではなくて、彼なりの独特的な国際感覚を持ち、かつ経済人の立場として、日本の対外関係及びイメージ宣伝に推進する役割を果した。それは彼の自らの意志であり、その上また政府の支持を受け、自発的に日本対外の窓口という役を担っていた。

結　論

　渋沢栄一は日本の近代化を推進し、対外関係の発展を促進するため、大きな業績を残した。概して言えば、彼の対外思想と実践には次のような三つの重要な特徴がある。一つ目は、開明性、先見性と大局観があり、西洋の近代経済体系を日本に導入し、日本の対外関係の新時代を切り開いた。二つ目は、彼は自身の「道徳経済合一」という商業理念を、自ら推進した民間外交活動に活用し、「国際道徳」と「世界平和」という理念を強調した。三つ目は、彼の対外関係における実践活動は、欧米モデルについては自主的学習の重視を、アジアについては実業開発の重視をそれぞれ特徴としている。

　明治維新以前の二百年ほどの間、日本は鎖国政策を実行しており、近代的意味においての対外関係はなかった。「尊王攘夷」の旗印を挙げた倒幕派人士が明治維新新政府を成立した当初、日本は依然として幕末から残存した不平等条約などの対外問題が未解決のままであった。この時期において、日本の近代対外関係は未熟であり、そのため、思想的啓蒙をする必要があった。歴史の機縁と偶然は、渋沢栄一を日本近代対外関係の啓蒙者の一人に仕立て上げた。幸田露伴は渋沢栄一が日本の近代対外関係のために行った思想的啓蒙の功績について「栄一は宛も世界といふ大学の全科を学ばせらるゝやうな位置に置かれたのであり、又今まで東西に立別れてゐた西方の文化の大瀞水を東方の遠處に流到せしむる大なる

水道管のやうな役目に当たらせられたのである」①と高く評価しており、筆者はそれが的を射た意見と見てよいと考える。

　渋沢栄一は日本の近代化の開拓者であるとよく言われているが、これには渋沢が明治維新以来日本の近代化プロセスを推進した豊かな内容が含まれており、日本の対外関係の発展に力を尽くしたことも意味している。この意味において、彼は近代日本の対外関係発展の開拓者であることが明らかであり、その主な功績は以下の方面で現れている。

　1.積極的に欧米資本主義の経済社会管理制度を導入した。渋沢栄一が明治維新政府の大蔵省で務めていたとき、西洋に学び、日本を新興の資本主義国家にさせるため、積極的に上に建議した。彼は経済体制改革を専門とする政治機構である改正掛を成立させ、貨幣制度、郵政制度などの改正に専念した。日本の実業の発展を推し進めるために、殖産を興すことを目的として、積極的に欧米の株式制の企業制度、つまりいわゆる合本主義を実行することを主張した。また、渋沢は外交人材を重用し、選抜して国外で科学技術を学ばせた。渋沢栄一は自らの対外思想の下で、前後して幕府の遺臣から前島美津や杉浦譲など、国家の発展に必要な対外交渉人材を選び出した。彼は伊藤博文の初の訪米の際に推薦した福地源一郎は、外国語に精通しているだけではなく、しかも豊富な西洋知識を備えており、岩倉使節団の「米欧巡回」の旅でも重要な役割を果たした。渋沢栄一は大阪紡績株式会社を発起、成立させ、当時イギリスに留学していた旧津和野藩士山辺丈夫に英国の紡績工場に入ることを指示し、紡績技術を学ばせた。彼らは帰国後技師となり、清算業務を管理した。また三重県の伊藤伝七が創設した三重紡績会社を助けたことがあり、各藤恒之など数名を欧米各国に参観、学習させに派遣した。明治二十年、渋沢は理学士澤井廉をアメリカ留学させ、電話技術を学ばせ、世界

----

① 同注214、『渋沢栄一伝』第152頁。

的大発明家エジソンの弟子にさせた。そのほか、渋沢は青木直治をインドに派遣して、染料製造技術を学ばせた。さらに渋沢は大胆に欧米から人材を雇い、日本の近代資本主義経済の発展に努めた。明治三年、日本の生糸産業を改良するため、渋沢栄一は正式にフランスの技師ポール、ブリューナを招聘し、日本にフランス式の製糸工場を建てた。これは日本初の官営企業が経営する近代工場であった。明治六年、彼が第一国立銀行を創設したとき、イギリスの専門家の商業学士シャンド（A. A. Shand）を顧問として雇い、この専門家の著作『簿記精法』を教材として、銀行職員が複式簿記を習得する訓練をさせ、会計制度を整えた。そのほか、彼はこの専門家に商業に従事する志のある若者に教育を施させ、一部の青年人材を自身の銀行で働かせた以外は、社会に出させた。こうしたかなりの程度の商業全体の地位向上は、日本がのちに飛躍的発展を果たす基礎となった。

　2.日本の市民社会において最初の近代国際外交慣例に従い始め、文明的で友好的な作法でもって外国の要人を丁重に接待し、国際的な交際を展開して対外友好関係の雰囲気を発展させた。日本は島国であり、かつ長期にわたって鎖国政策を採り、政府は積極的に国際的な交際を展開せず、対外的に友好関係を結ぼうとする理念も、国民に世界を理解させることもしなかった。対外的な友善や外交の重視、礼儀の熟知、堪能な交際の考え、国民に積極的に外国の友善人士と交わらせ、国際的な交際を強化し、外国人との友誼の習慣を増進することが必要なのは言うまでもない。日本国民の対外関係発展を推進するため、渋沢栄一は明治26年に喜賓会を創設し、のちに相次いで帝国ホテル、帝国劇場を修築し、積極的に日本の市民社会の対外交際を展開し、対外友好関係の活動を発展させた。

　3.積極的にアジアの国で経済合作を展開した。渋沢栄一は、韓国との合作は比較的早かった。渋沢の中国との経済交際は日中甲午戦争後に、上海で工場を建てるなどの方法で展開した。1913年、彼は日本の財界の

リーダーの身分として、積極的に孫中山の訪日にかかわり、中日合資会社の創設を商談した。これらの事柄は、渋沢が1914年中国へ数十日の視察訪問に行き、中日合資会社の発展を推進した。インドの綿花を輸入するため、渋沢は日本政府に官吏と同紡績会社の人員を一緒にインドの工商業の視察に向かわせた。綿花を運輸するために、彼とインドのタッター商会共同で新しい海上航路を開拓し、イギリスのピーオー航運会社と競争して、綿花輸送価格を大幅に低下させた。渋沢は日本の経済を発展させるためだけであり、中国や韓国に対して悪意はなくその上、政府の経済的略奪行為に関与するつもりもなかった。しかし当時日本の大陸政策の主導下で、渋沢が関わった事業はその略奪行為に巻き込まれることは免れ得なかった。

　4.日本の民間経済外交の先駆者となった。明治維新以来、日本は渋沢栄一、伊藤博文などの提唱と導きの下で、比較的欧米の大国との外交関係を発展させた。この時期日本の対外関係は政府間の往来の他に、民間経済外交の道も切り開き、国民外交とも称された。まさに木村昌人氏が論証されたように渋沢栄一は日本の民間経済外交の創始者で疑いない。渋沢の国民外交活動は、実際に当時の日米関係と日欧関係に影響し、危機の緩和のために、両方の関係の改善に肯定的な作用を促進した。渋沢は欧米の大国との民間経済外交の展開を重視しただけではなく、近隣の大国中国との国民外交活動も非常に重視した。

　20世紀の初頭、渋沢はアメリカこそが、近い将来、世界経済地図と国際政治舞台における「地殻変動」を起こす震源地であり、勢いを止められない大国になると予見できた。このような国際感覚は、その生涯最後の30年間をかけて尽力した日米友好事業に働いた。一方、「論語と算盤」の理念、言い換えれば「経済道徳合一」論に立脚し、積極的に中国との「共同開発」を主張し実行も試みた。しかし、残念ながら、日本の平和的イメージに関する渋沢の国際宣伝活動と経済立国路線を遂行するためのその国

際親善事業の努力は、1931 年の満洲事変の発生によってある意味で水の泡となった。にもかかわらず、事件の約 2ヶ月後に亡くなった民間外交の中心人物であった渋沢の柔軟な対外姿勢と開かれた国際感覚は、日本近代対外関係史の重要でポジティブな一側面をなしたことは確かであり、また末永く後世に記憶され、尊重され、生かされるであろう。

参考文献①

一、伝記資料

渋沢青淵記念財団竜門社編『渋沢栄一伝記資料』(本編全58巻、別巻全10巻)渋沢栄一伝記資料刊行会刊(1944—1971)。

二、一次資料

1. 『日本外交文書』。

2. 井上哲次郎『哲学字彙』東京大学 1881。

3. 龍門社編纂『青淵先生六十年史：一名近世實業發達史』東京：龍門社 1900-02。

4. 福沢諭吉『明治十年丁丑公論、瘠我慢の説』時事新報社 1901。

5. 渋沢栄一、ほか『明治商工史』報知社 1910。

6. 渋沢栄一述、井口正之編『青淵百話』乾坤二巻、同文館 1912。

7. 台湾銀行総務部調査課の『日支合辨事業ニ関スル調査書』大正3年1月。

8. 渋沢栄一述『世に出る青年へ』偉人言行研究会編輯、東京：大盛堂書店 1919。

9. 渋沢栄一述『青淵回顧録』(上、下巻)東京：青淵回顧録刊行会 1927。

10. 『中日実業株式会社三十年史』東京：中日実業 1943。

---

① ここで日本語、中国語、英語の言語順に、またそれぞれ出版年月順に並べる。

11.『東京商工会議所八十五年史』(上、下巻)、東京商工会議所 1966。

12. 渋沢栄一述、尾高維孝録『論語講義』編集二松学舎大学出版社、明徳出版社、昭和 50 年 10 月。

13. 渋沢栄一『最近実業談』(復刻版)東京：ダイヤモンド社 1978-01。

14. 渋沢栄一述、長幸男校注『雨夜譚：渋沢栄一自伝』岩波書店 1984-11。

15. 渋沢栄一述『論語と算盤』国書刊行会（9 版）1985-10。(中国語版：涩泽荣一『「论语」与算盘』，武漢出版社 2009)。

16. 渋沢栄一『青淵百話』東京：国書刊行会 1986-04。

17. 渋沢栄一『欧米紀行』東京：ゆまに書房 1989-05。

18. 外務省調査部編纂『日米外交史』、クレス出版 1992。

19. 渋沢栄一『渋沢百訓論語、人生、経営』角川学芸出版 2010-10。

20.『民誼』第六号、広州 1913-04。

21. 中国社会科学院近代史研究所、中国史研究所中華民国研究室、中山大学歴史学部孫文研究室、広東省社会科学院歴史研究室合同編纂『孫文全集』第三巻、中華書局 1984-06。

22. 郝盛潮編集『孫中山集外集補編』上海：上海人民出版社 1994-07-01。

23. 帰一協会関係資料集 高橋原監修『帰一協会叢書』第 1 巻、クレス出版 2003。

24. 田彤編『1914 渋沢栄一中国行』華中師範大学出版社 2012-01。

25. *Japan's message to America—a symposium by representative Japanese on Japan and American-Japanese relations*（ed.） and comp. by Naoichi Masaoka, 1914.

26. *Institute of Pacific Relations, Honolulu, Hawaii, June 30-July 15, 1925*, Published by the Institue of Pacific Relations, 1925.

27. Kyugoro Obata. *An Interpretation of the Life of Viscount Shibusawa.* Daiyamondo jigiyo kabushiki kaisha, Bijutsu insatsusho, 1937.

28. *The Autobiography of Shibusawa Eiichi：from Peasant to Entrepreneur.* 東京大学出版会，1994。

29. *The Papers of Ulysses S. Grant*, *Volume 28*：*November 1*, *1876-September 30.* Southern Illinois University Press，1818.

三、研究書

1. 岡本瓊二『少年渋沢栄一伝』東京：文化書房 1932。

2. 白石喜太郎『渋沢栄一翁』刀江書院 1933。

3. 中川重『渋沢栄一伝 』東京：日本社 1935。

4. 高橋重治編『渋沢栄一自叙伝』渋沢翁頌徳会 1937。

5. 幸田露伴『渋沢栄一傳』東京：岩波書店 1939(中国語版：幸田露伴著、余炳跃译,《涩泽荣一传》学林出版社 1992)。

6. 野依秀市編纂『青渕渋沢栄一翁写真伝』東京：実業之世界社 1941。

7. 渋沢秀雄『攘夷論者の渡欧：父、渋沢栄一』東京：双雅房 , 1941.9。

8. 信夫清三郎『近代日本外交史』中央公論社 1942。

9. 『日本国防国家建設の史的考察』東京：科学主義工業社 1942。

10. 『日本資本主義の経営史的研究』東京：みすず書房 1954。

11. 『日本の経営者精神』東京：経済往来社 1959。

12. 明石照男『青淵渋沢栄一：思想と言行』東京：渋沢青淵記念財団龍門社 1951。

13. 山口平八『渋沢栄一：日本民主自由経済の先覚者』東京：平凡社 , 1963。

14. 入江昭『日本の外交』中央公論社 1966。

15. 『日本経営理念史：明治、大正、昭和の経営理念』東京：日本経済新聞社 1967。

16. 渋沢雅英『太平洋にかける橋—渋沢栄一の生涯』読売新聞社 1970。

17. 森川英正責任編集、『日本の企業と国家』(『日本経営史講座』全 6 巻)東京：日本経済新聞社 1976-10。

18. 渋沢秀雄『明治を耕した話：父、渋沢栄一』東京：青蛙房 1977-09。

19. 韮塚一三郎、金子吉衛『埼玉の先人—渋沢栄一』さきたま出版会 1983。

20. 山本七平『近代の創造：渋沢栄一の思想と行動』東京：PHP 研究所 ,

1987-03。

21. 土屋喬雄『渋沢栄一』東京：吉川弘文館 1989-05。

22. 木村昌人『渋沢栄一：民間経済外交の創始者』東京：中央公論社 1991-04。

23. 浅野俊光『日本の近代化と経営理念』日本経済評論社 1991。

24. 小野健知『渋沢栄一と人倫思想』東京：大明堂，1997-04。

25. 山岡道男『「太平洋問題調査会」研究』竜渓書舎 1997。

26. 渋沢華子『渋沢栄一、パリ万博へ』東京：国書刊行会 1995-05。

27. 渋沢研究会『公益の追求者、渋沢栄一：新時代の創造』東京：山川出版社 1999-03。

28. 三好信浩『渋沢栄一と日本商業教育発達史』東京：風間書房 2001-10。

29. 渋澤健『渋沢栄一とヘッジファンドにリスクマネジメントを学ぶ：キーワードはオルタナティブ』日経 BP 出版センター 2001-11。

30. 磯前順一、深沢英隆編『近代日本における知識人と宗教：姉崎正治の軌跡』東京堂出版 2002。

31. 松村正義『新版　国際交流史―近現代日本の広報文化外交と民間交流―』地人館 2002（初版 1996）。

32. 坂本慎一『渋沢栄一の経世済民思想』日本経済評論社 2002-09。

33. 片桐庸夫『太平洋問題調査会の研究：戦間期日本 IPR の活動を中心として』慶應義塾大学出版会 2003。

34. 渋沢栄一原著、竹内均編、解説『渋沢栄一論語の読み方』三笠書房 2004-10。

35. 童門冬二『ニッポンの創業者：大変革期に求められるリーダーの生き方』東京：ダイヤモンド社 2004-10。

36. 島田昌和『渋沢栄一の企業者活動の研究：戦前期企業システムの創出と出資者経営者の役割』日本経済評論社.（提要集、渋沢国際儒教研究セミナー）2005。

37. 渋沢栄一記念財団編集『中日近代企業家の文化事業と社会事業：渋沢

栄一と張謇の比較研究：要旨集』2005。

38. 沖田行司『日本近代教育の思想史研究：国際化の思想系譜』日本図書センター(新訂版、学術出版会、2007)。

39. 渋澤健『巨人、渋沢栄一の「富を築く100の教え」』講談社 2007。

40. 見城悌治『渋沢栄一：「道徳」と経済のあいだ』日本経済評論社 2008(評伝、日本の経済思想)。

41. 于臣『渋沢栄一と「義利」思想：近代東アジアの実業と教育』ぺりかん社 2008。

42. 陶徳民、姜克実、見城悌治、桐原健真編著『東アジアにおける公益思想の変容-近世から近代へ』日本経済評論社 2009。

43. 陶徳民、姜克実、見城悌治、桐原健真編著『近代東アジアの経済倫理とその実践—渋沢栄一と張謇を中心に』日本経済評論社 2009。

44. 山岡道男編著『太平洋問題調査会「1925—1961」とその時代』春風社 2010。

45. 渋沢栄一記念財団編、小川カミーユ訳『渋沢栄一とアルベール、カーン日仏実業家の交流と社会貢献：シンポジウム報告書 = *Eiichi Shibusawa et Albert Kahn: echanges franco-japonais d'entrepreneurs philanthropes: rapport du colloque*』渋沢栄一記念財団 2011。

46. 井上潤『渋沢栄一：近代日本社会の創造者』山川出版社 2012。

47. 安藤優一郎『徳川慶喜と渋沢栄一：最後の将軍に仕えた最後の幕臣』日本経済新聞出版社 2012。

48. 井口治夫『鮎川義介と経済的国際主義』名古屋大学出版会 2012。

49. 石井寛治『帝國主義日本の対外戦略』名古屋大学出版会 2012。

50. 片桐庸夫『渋沢栄一の国民外交：民間交流のパイオニア』藤原書店 2014。

51. 汪家熔『商務印書館及其他——汪家熔出版史研究文集』中国書籍出版社 1998。

52. 马敏『商人精神的嬗変 近代中国商人观念研究』、華中師範大学出版社

2001、修訂版『商人精神的嬗変-辛亥革命前后中国商人观念研究』、華中師範大学出版社 2011。

53. 李廷江『日本財界と近代中国——辛亥革命を中心に』中国社会科学出版社 1994 年 3 月第 1 版、御茶の水書房より日本語版、2004。

54. 周见『近代中日两国企业家比较研究——张謇与涩泽荣一』中国社会科学出版社 2004(日本語版：周见著、『張謇と渋沢栄一：近代中日企業家の比較研究』東京：日本経済評論社 2010)。

55. 王芸生『六十年来中国与日本』、三联书店 2005。

56. 劉岳兵『明治儒学与近代日本』上海古籍出版社 2005。

57. 周见. 涩泽荣一与近代中国[M]. 社会科学文献出版社,2015。

58. 金东. 王道与霸道：涩泽荣一对华态度与交往研究[M]. 社会科学文献出版社,2020。

59. Johannes Hirschmeier. *The Origins of Entrepreneurship in Meiji Japan*[M]. Doubled & Company, Inc. , Cambridge：Harvard University Press,1964.

60. David C. Whitney.*The American Presidents*[M]. Doubled & Company,Inc. Garden City,New York,1967.

61. Byron K. Marshall. *Capitalism and Nationalism in Prewar Japan：The Ideology of the Business Elite, 1868-1941*[M]. CA：Stanford University Press,1967.

62. Ezra F. Vogel (ed.). *Modern Japanese Organization and Decision-making*[M]. Berkeley：University of California Press,1975.

63. John H. Sagers. *Origins of Japanese Wealth and Power：Reconciling Confucianism and Capitalism, 1830-1885*[M]. Palgrave Macmillan,2006.

四、論文

1. 土屋喬雄「渋沢栄一の経済思想について」社会経済史学 16(2)、2-26、1950-06-15。

2. 土屋喬雄解説「道徳経済合一説 渋沢栄一」別冊中央公論，経営問題 4(1)、1965-03。

3. 土肥昭夫「三教会同(1) — 政治、教育、宗教との関連において —」、同志社大学人文科学研究所キリスト教社会問題研究会『キリスト教社会問題研究』(11)、90-115、1967-03-31。松村憲一「近代日本の教化政策と「修養」概念-蓮沼門三の「修養団」活動」『社会科学討究』［1973］19 巻 1 号。

4. 瀬岡誠「渋沢栄一における革新性の形成過程」『大阪大学経済学』［1976］第 26 巻第 1、2 号。

5. 瀬岡誠「渋沢栄一におけるイデオロギーと革新性」『大阪大学経済学』［1977］第 26 巻第 3、4 号。

6. 多田顕「福沢諭吉と渋沢栄一の思想について―特に儒教を巡って―」『千葉大学教養部研究報告』経営論集［1979］第 17 巻第 1 号。

7. 小野健知「渋沢栄一と経済倫理」『日本大学精神文化研究所、教育制度研究所紀要』［1979］第 10 集。

8. 多田顕「渋沢栄一の思想、行動とモラロジー」『モラロジー研究』［1980］第 9 号。

9. 多田顕「渋沢栄一の思想研究――労働問題との関連において（篠原武英教授古稀記念論文集）」経済論集（31）［1981］大東文化大学経済学会。

10. 平田哲男「企業国家主義」の精神的培養基――修養団のイデオロギーと運動」『歴史評論』［1983］394 号。

11. 中嶋邦「帰一協会小考」(1)(2)『日本女子大学紀要』36、37 号［1986 年］。

12. 木村昌人「日米民間経済外交：1905―1911」慶応通信 1989。

13. 島田昌和「1920 年代後半における協調会の活動-争議調停活動の検討」『経営論集』(明治大学経営学部)、［1989］第 36 巻第 2 号。

14. 島田昌和「協調会の設立と経営者の労働観―日本工業倶楽部信愛協会案をめぐって―」『経営史学』［1989］第 24 巻第 3 号、経営史学会。

15. 島田昌和「渋沢栄一の労使観」『渋沢研究』［1990］創刊号、渋沢史料

館。

16. 影山礼子「成瀬仁蔵と渋沢栄一—その交流と教育思想における接点—」『渋沢研究』［1990］第2号。

17. 片桐庸夫「渋沢栄一し国民外交—米国に於ける日本人移民排斥問題への対応を中心として—」、『渋沢研究』1990、創刊号。

18. 木村昌人「民間経済外交指導者としての渋沢栄一(1)」『渋沢研究』1990、創刊号。

19. George M. Oshiro. *Shibusawa Eiichi and Christian Internationalization：An Exploratory Case Study of a Prewar Elite's Attitude and Activities Regarding Select Aspects of the International Christian Movement in Early Twentieth Century Japan* (大城ジョージ［1990］「キリスト教による国際化と渋沢栄一—20世紀初期の国際キリスト教運動に対する戦前日本エリートの思想と活動」『渋沢研究』創刊号)。

20. 是澤博昭「「青い目の人形交流」誕生の背景とその波紋—日米関係改善に向けての一つの試み或いは渋沢栄一、L・ギューリックの見た夢—」『渋沢研究』［1992］第5号。

21. 是澤博昭「渋沢栄一、国民外交の行方—日本における「世界児童親善会」への認識とその後の展開—」、『渋沢研究』1993第6号。

22. 梅津順一『渋沢栄一における武士道と実業道：「実験論語」の人物評論を通して』青山學院女子短期大學紀要48、［1994-12-10］。

23. 島田昌和「経営者の労働観」『大企業時代の到来(日本経営史5)』岩波書店1995。

24. 島田昌和「渋沢栄一の企業者活動とその周辺経営者——複数会社への関与経営者を中心に」経営論集45(2-4)、63-78、［1998-03］明治大学経営学研究所。

25. 植松忠博「渋沢栄一の『市場と国家』論」京大社会思想研究所『再構築する近代-その矛盾と運動』全国日本学士会1998。

26. 沖田行司「国際交流を推進する平和主義教育構想」渋沢研究会編『公益

の追求者渋沢栄一』山川出版 1999。

27. 松川健二「行動の指針としての『論語』——義と利の間」(渋沢研究会編［1999］)。

28. 坂本慎一「渋沢栄一『論語講義』の儒学的分析：晩年渋沢の儒学思想と朱子学、陽明学、徂徠学、水戸学との比較」経済学雑誌 100(2)、1999-09。

29. 安彦正一「日本企業史にみる渋沢栄一の企業者活動(2)択善会を中心にして」研究年報 12、17-35、2000。

30. 高橋原「姉崎正治と帰一協会—結成の理念と昭和初期の活動について」『日本女子大学総合研究所ニュース』［2001］第 10 号。

31. 高橋原「帰一協会の理念とその行方-昭和初期の活動」『東京大学宗教学年報』［2002］第 20 号。

32. 坂本慎一「草奔の後期水戸学としての渋沢栄一思想」川口浩編著『日本の経済思想世界』日本経済評論社 2004。

33. 羽生正人「渋沢栄一の実業構想と徳育問題——明治後期を中心に」教育文化 (16)、49-23、2007-03。

34. 金東「渋沢栄一の一九一四年中国行」青淵 (724)、［2009-07］渋沢栄一記念財団。

35. 小林敏男『「財政改革に関する奏議」を読む——明治六年、青年官僚渋沢栄一の政治理念の先見性』青淵 (725)［2009-08］。

36. 笹倉一広「渋沢栄一『論語講義』の書誌学的考察」、一橋大学『言語文化』48、127-145、2011-12。

37. 畔上直樹「帰一協会と二〇世紀初頭の神社界」『渋沢研究』24 号 2012-01。

38. 梁紫蘇「試論《海國圖志》對近代日本的影響」『近代東亜海域文化交流史』2012-08。

39. 梁紫蘇「渋沢栄一の対外認識の萌芽について」『院生論集』創刊号 2013-01。

40. 梁紫蘇「渋沢栄一の対外観—明治政府への影響を中心に—」『東アジア文化交渉研究』第 6 号 2013-03。

41. 酒井一臣「渋沢栄一の「国民外交」：渡米実業団を中心に」『渋沢研究』2014 年 1 月、第 26 号。

42. 梁紫蘇「涩泽荣一的对外指导理念与实践——以中日合办公司为例」『関西大学中国文学会紀要』35 号 2014-03。

43. 中井英基「張謇与涩泽荣一——日中近代企业家比较研究」『国外社会科学』1988-07。

44. 张乃丽「日本近代"企业之王"——涩泽荣一」『日本学刊』1993-01。

45. 王家骅「涩泽荣一的"论语加算盘"说与日本资本主义发展」『深圳大学学报（人文社会科学版）』1994-02。

46. 马敏「中国和日本的近代"士商"——张謇与涩泽荣一之比较观」『近代史研究』1996-01。

47. 周见「涩泽荣一的实业思想与日本资本主义精神」『日本研究』2003-04。

48. 胡令远「试论涩泽荣一与张謇研究的当代意义」『日本研究』2005-03。

49. 王敦琴「企业的利润追求与企业家的价值取向——张謇、涩泽荣一"企业与社会"思想比较研究」『江南大学学报（人文社会科学版）』2006-02。

五、雑誌、新聞等

『竜門雑誌』『青淵』『東京経済雑誌』『東京朝日新聞』『東京日日新聞』『東京毎日新聞』『大阪朝日新聞』『大阪毎日新聞』『時事新報』『満洲日日新聞』『経済評論』『帰一協会会報』『渋沢研究』*The New York Times*。

渋沢栄一年譜①

1840	1840 年 3 月 16 日、日本の埼玉県深谷市血洗島に生まれる。
1847	従兄尾高惇忠から漢籍を学ぶ。
1858	従妹ちよ（尾高惇忠の妹）と結婚。
1863	高崎城乗っ取り、横浜焼き討ちを企てるが、計画を中止し京都に出奔。
1864	一橋慶喜に仕える。
1865	一橋家歩兵取立御用掛を命ぜられ領内を巡歴。
1866	徳川慶喜、征夷大将軍となり、栄一は幕臣となる。
1867	徳川昭武に従ってフランスへ出立（パリ万博使節団）。
1868	明治維新によりフランスより帰国、静岡で慶喜に面会。
1869	静岡藩に「商法会所」設立。 明治政府に仕え、民部省租税正となる。民部省改正掛掛長を兼ねる。
1870	官営富岡製糸場設置主任となる。
1871	紙幣頭となる。 『立会略則』発刊。
1872	大蔵少輔事務取扱。 抄紙会社設立出願。
1873	大蔵省を辞める。 第一国立銀行開業・総監役。抄紙会社創立（後に王子製紙会社・取締役会長）。
1874	東京府知事より共有金取締を嘱託される。

① 公益財団法人渋沢栄一記念財団ホームサイト.shibusawa.or.jp/eiichi/chrono.html.

續表

1875	第一国立銀行頭取。　商法講習所創立。
1876	東京会議所会頭。　東京府養育院事務長（後に院長）。
1877	択善会創立（後に東京銀行集会所・会長）。　王子西ヶ原に別荘を建てはじめる。
1878	東京商法会議所創立・会頭（後に東京商業会議所・会頭）。
1879	グラント将軍（元第18代米国大統領）歓迎会（東京接待委員長）。
1880	博愛社創立・社員（後に日本赤十字社・常議員）。
1882	ちよ夫人死去。
1883	大阪紡績会社工場落成・発起人（後に相談役）。　伊藤かねと再婚。
1884	日本鉄道会社理事委員（後に取締役）。
1885	日本郵船会社創立（後に取締役）。　東京養育院院長。 東京瓦斯会社創立（創立委員長、後に取締役会長）
1886	「竜門社」創立。　東京電灯会社設立（後に委員）。
1887	日本煉瓦製造会社創立・発起人（後に取締役会長）。 帝国ホテル創立・発起人総代（後に取締役会長）。
1888	札幌麦酒会社創立・発起人総代（後に取締役会長）。 東京女学館開校・会計監督（後に館長）。
1889	東京石川島造船所創立・委員（後に取締役会長）。
1890	貴族院議員に任ぜられる。
1891	東京交換所創立・委員長。
1892	東京貯蓄銀行創立・取締役（後に取締役会長）。
1895	北越鉄道会社創立・監査役（後に相談役）。
1896	日本精糖会社創立・取締役。 第一国立銀行が営業満期により第一銀行となる。　引続き頭取。 日本勧業銀行設立委員。
1897	澁澤倉庫部開業（後に澁澤倉庫会社・発起人）。
1900	日本興業銀行設立委員。　男爵を授けられる。

1901	日本女子大学校開校・会計監督（後に校長）。 東京・飛鳥山邸を本邸とする。
1902	兼子夫人同伴で欧米視察。 ルーズベルト大統領と会見。
1904	風邪をこじらせ長期に静養。
1906	東京電力会社創立・取締役。 京阪電気鉄道会社創立・創立委員長（後に相談役）。
1907	帝国劇場会社創立・創立委員長（後に取締役会長）。
1908	アメリカ太平洋沿岸実業家一行招待。
1909	多くの企業・団体の役員を辞任。 渡米実業団を組織し団長として渡米。 タフト大統領と会見。
1910	政府諮問機関の生産調査会創立・副会長。
1911	勲一等に叙し瑞宝章を授与される。
1912	ニューヨーク日本協会協賛会創立・名誉委員長。 帰一協会成立。
1913	日本結核予防協会創立・副会頭。（後に会頭）日本実業協会創立・会長。
1914	日中経済界の提携のため中国訪問。
1915	パナマ運河開通博覧会のため渡米。 ウイルソン大統領と会見。
1916	第一銀行の頭取等を辞め実業界を引退。 日米関係委員会が発足・常務委員。
1917	日米協会創立・名誉副会長。
1918	渋沢栄一著『徳川慶喜公伝』（竜門社）刊行。
1919	協調会創立・副会長。
1920	国際連盟協会創立・会長。 子爵を授けられる。
1921	排日問題善後策を講ずるため渡米。 ハーディング大統領と会見。
1923	大震災善後会創立・副会長。
1924	日仏会館開館・理事長。 東京女学館・館長。
1926	日本太平洋問題調査会創立・評議員会長。 日本放送協会創立・顧問。
1927	日本国際児童親善会創立・会長。 日米親善人形歓迎会を主催。

續表

1928	日本航空輸送会社創立・創立委員長。 日本女子高等商業学校発起人。
1929	中央盲人福祉協会創立・会長。
1930	海外植民学校顧問。
1931	11 月 11 日永眠。